Klaus Viertbauer, Thomas Hanke (Hg.)

Subjektivität denken

Anerkennungstheorie und
Bewusstseinsanalyse

Meiner

Im Digitaldruck »on demand« hergestelltes, inhaltlich mit der ursprünglichen Ausgabe identisches Exemplar.

Für Links mit Verweisen auf Webseiten Dritter übernimmt der Verlag keine inhaltliche Haftung. Zudem behält er sich die Verwertung der urheberrechtlich geschützten Inhalte dieses Werkes für Zwecke des Text- und Data-Minings (§ 44b UrhG) vor. Jegliche unbefugte Nutzung ist hiermit ausgeschlossen.

Bibliographische Information der Deutschen Nationalbibliothek: Die Deutsche Nationalbibliothek verzeichnet diese Publikation in der Deutschen Nationalbibliographie; detaillierte bibliographische Daten sind im Internet über *portal.dnb.de* abrufbar.
ISBN 978-3-7873-4757-5
ISBN eBook (PDF) 978-3-7873-3163-5

Kontaktadresse nach EU-Produktsicherheitsverordnung:
Felix Meiner Verlag GmbH
Richardstraße 47, 22081 Hamburg
info@meiner.de

Inhalt

Vorwort

Mit »Subjektivität« ruft der vorliegende Band das Leitprinzip des philosophischen Diskurses der Moderne auf – lediglich der Begriff der »Freiheit« dürfte eine ähnlich zentrale Rolle gespielt haben. Bei »Subjektivität« handelt es sich um die Schlüsselkategorie, die den Argumentationsverläufen der modernen Philosophie implizit zugrunde liegt und sie als solche prägt. Das gilt für den komplexen Zusammenhang von Erkenntnistheorie und Metaphysik: Hier stellen sich die Fragen nach dem Zugang zur Wirklichkeit und ihrer Struktur, nach der Vermittlung von subjektiver Erfahrung und objektivem Wissen, nach der Relation (manche sagen auch: nach der Spaltung) von Subjekt und Objekt. Ebenso gilt es für den sich daraus ergebenden spezielleren Komplex der Frage nach Selbstbewusstsein und Selbsterkenntnis. Schließlich verbindet es theoretische und praktische Philosophie, denn auch in den Kontexten des menschlichen Lebens und Zusammenlebens erweist sich »Subjektivität« als Schlüsselbegriff, zum Teil weiterbestimmt durch die intersubjektive Kategorie der »Anerkennung«.

Vor diesem Hintergrund erfolgt die Reihung der sechs Beiträge dieses Bandes gemäß einer doppelten Stoßrichtung: Zum einen erfolgt der Ansatz beim anerkennungstheoretischen Potential des Subjektivitätsbegriffs, zum anderen rückt die Analyse des individuellen Bewusstseins in den Blickfang. Während die Beiträge von Axel Honneth und Angelica Nuzzo den anerkennungstheoretischen Ansatz verfolgen, thematisieren die Artikel von Manfred Frank, Tobias Rosefeldt und Klaus Viertbauer die Verfasstheit des Subjekts im Rahmen der Bewusstseinsanalyse. Thomas Hanke unternimmt den Versuch eines Brückenschlages zwischen beiden Paradigmen. Die Texte von Manfred Frank und Axel Honneth gehen auf Vorträge eines von Klaus Viertbauer und Reinhart Kögerler organisierten Symposions des Forum St. Stephans in Salzburg aus dem Februar des Jahres 2015 zurück, die für die Drucklegung geringfügig redigiert worden sind. Es handelt sich um bis dato unveröffentlichte

Texte. Der Beitrag von Angelica Nuzzo liegt hier erstmals in deutscher Übersetzung vor. Die englischsprachige Vorlage findet sich in V. Waibel, D. Breazeale, T. Rockmore (Eds.), *Fichte and the Phenomenological Tradition*, Berlin/Boston: DeGruyter (2010), 97–118. Der Aufsatz von Tobias Rosefeldt ist eine leicht abgeänderte Fassung seines gleichnamigen Beitrags in D. Karydas, S. Schmidt, J. Zovko (Hg.), *Begriff und Interpretation im Zeichen der Moderne*, Berlin/ Boston: DeGruyter (2015), 63–76. Bei den Beiträgen der Herausgeber handelt es sich um Erstveröffentlichungen. Durch die Zusammenstellung der Aufsätze und seine spezifische Linienführung möchte der Band einen Beitrag zur Klärung kontroverser Positionen im Durchdenken der Subjektivitäts-Thematik leisten.

Unser herzlicher Dank ergeht an die Autorin und die Autoren, die sich bereitwillig auf das Projekt eingelassen haben, und ebenso an Herrn Marcel Simon-Gadhof vom Meiner Verlag für die bereitwillige, unkomplizierte und nicht zuletzt sehr schnelle Umsetzung.

Salzburg / Frankfurt am Main, März 2017
Klaus Viertbauer / Thomas Hanke

ANERKENNUNGSTHEORIE

Axel Honneth

Autonomie und Anerkennung
Zur Genealogie von Hegels Anerkennungslehre[*]

Hegel war gewiss nicht der Erste, der die Subjektbildung und Autonomie des Menschen von der Anerkennung durch andere Personen abhängig gemacht hat. Gedanken solcher Art lassen sich schon viel früher in der Philosophiegeschichte finden, sie spiegeln sich etwa in der Überzeugung des Aristoteles, dass das Sich-Wiederfinden im Freund ein konstitutives Element eines guten, autonom geführten Lebens ausmacht, oder in der Ansicht von Thomas Hobbes, dass ein wesentlicher Teil des menschlichen Strebens auf die Gewinnung von sozialer Ehre und öffentlichem Ruhm gerichtet ist, durch deren Erringung der Einzelne so etwas wie individuelle Souveränität erlangt. Aber von unmittelbarem Einfluss auf die These Hegels, der zufolge die Anerkennung zugleich den Nährboden und den Konfliktstoff allen sozialen Lebens bildet, sind wohl erst die theoretischen Ansätze von Rousseau und Fichte gewesen: Der Autor des »Gesellschaftsvertrags« hatte in seinem »Zweiten Diskurs« – der *Abhandlung über die Ursachen der Ungleichheit unter den Menschen* – die Idee formuliert, dass neben dem Streben nach Selbsterhaltung (»l'amour de soi-même«) und der Fähigkeit zum Mitleid (»pitié«) das Begehren nach Ansehen in den Augen Anderer (»l'amour propre«) ein drittes Element unseres Motivationssystems darstellt, dessen Eigenart darin besteht, uns ständig zur Suche nach sozialer Anerkennung anzutreiben;[1] und der junge Fichte, darum bemüht, die Bedingungen der Möglichkeit eines personalen Selbstbewusstseins zu erkun-

---

[*] Im Folgenden fasse ich Ergebnisse aus Studien zusammen, die ich in den letzten zehn Jahren unabhängig voneinander und zu ganz unterschiedlichen Zwecken durchgeführt habe; daher werde ich mich an einigen Stellen auf Formulierungen stützen müssen, die bereits zuvor veröffentlicht wurden.

[1] Jean-Jacques Rousseau, Diskurs über die Ungleichheit (1755), hg. und übersetzt von Heinrich Meier, Paderborn ⁶2008. Vgl. dazu: Frederick Neuhouser, Pathologien der Selbstliebe. Freiheit und Anerkennung bei Rousseau, Berlin 2012.

den, war in seiner Schrift zum »Naturrecht« zu der Einsicht gelangt, dass wir ein Bewusstsein unseres eigenen Vermögens zur Freiheit nur durch die sprachlich vermittelte »Aufforderung« eines zweiten Subjekts erwerben können, uns entweder bejahend oder verneinend auf den Gehalt von dessen Äußerungen zu beziehen.[2] Wie es Hegel gelingen konnte, aus diesen beiden ganz disparaten Bruchstücken einer Theorie der Anerkennung ein einheitliches Ganzes zu formen, ist bis heute nicht in zufriedenstellender Weise geklärt; besondere Schwierigkeiten musste ihm dabei ja der Umstand bereiten, dass Rousseau in unserem Getriebensein durch die »amour propre« eher eine Gefährdung der menschlichen Freiheit sah, weil uns dieser Trieb dazu anhält, unseren Willen vom Willen Anderer abhängig zu machen und insofern auf unsere Selbstbestimmung zu verzichten, während Fichte ganz im Gegenteil in der anerkennenden Aufforderung durch Andere, uns auf ihre Äußerungen im freien Willensentschluss zu beziehen, eine Bedingung des Bewusstseins unserer eigenen Freiheit erblickte. Zwar schlägt Hegel sich eindeutig auf die Seite Fichtes, indem er darangeht, dessen Einsicht in den internen Zusammenhang von Freiheit und Anerkennung zu erweitern und um gesellschaftstheoretische Bestandteile zu ergänzen, gleichzeitig versucht er aber auch, Elemente von Rousseaus Negativismus in seine Theorie hinüberzuretten.

I. Fichtes ursprüngliche Einsicht

Von Fichte übernimmt Hegel den Grundsatz, dass die Anerkennung ein wechselseitiges Verhältnis bildet, in dem die beiden beteiligten Subjekte sich in ihrem Handeln in einer Weise beschränken, die dem Wert oder dem Status des jeweils Anderen moralisch Ausdruck verleiht. Ich möchte daher zunächst in einem ersten Schritt die Grundzüge der Fichte'schen Anerkennungslehre entwickeln, weil sie als ein wesentlicher Baustein in die Hegel'sche Konstruktion des

---

[2] Johann Gottlieb Fichte, »Grundlage des Naturrechts nach Prinzipien der Wissenschaftslehre« (1796), in: J. G. Fichte, Werke, hg. von Immanuel Hermann Fichte, Band III, Berlin 1971. Zur »Aufforderungslehre« Fichtes vgl. insgesamt: Ludwig Siep, Anerkennung als Prinzip der praktischen Philosophie, Freiburg/München 1979; Neuausgabe Hamburg 2014.

Zusammenhangs von Anerkennung und individueller Autonomie einfließt.

In seiner Naturrechtslehre, der »Grundlage des Naturrechts nach Principien der Wissenschaftslehre«, unternimmt Fichte den Versuch, die Bedingungen zu klären, unter denen »endliche Subjekte«, das heißt Subjekte, die sich durch die Objektivität einer unabhängig von ihnen bestehenden Welt eingeschränkt sehen, zu einem Bewusstsein ihrer Freiheit gelangen können. Die erste Forderung, die aus der Sicht Fichtes an das endliche Subjekt ergehen muss, damit es zu einem solchen Selbstbewusstsein gelangen kann, formuliert er im Ersten Lehrsatz seiner Schrift. Im Wesentlichen findet sich darin ein Gedankengang wiedergegeben, den er bereits in seiner frühen Wissenschaftslehre formuliert hatte, auch wenn ein markanter Unterschied hier doch in der einschränkenden Bedingung besteht, dass nur vom Bewusstsein raumzeitlich existierender, empirischer Personen die Rede ist: Damit ein solches Wesen zu einem Bewusstsein der eigenen Subjektivität gelangen kann, muss es sich selbst als ein Subjekt »setzen« können, das zur »freien Wirksamkeit« in einer zugleich begrenzenden Welt in der Lage ist;[3] mit »freier Wirksamkeit« ist dabei die Fähigkeit gemeint, nach selbstgesetzten Zwecken tätig werden zu wollen, während die zusätzliche Bestimmung, dass diese zweckgeleitete Tätigkeit zugleich unter Voraussetzung einer begrenzenden Welt stattzufinden hat, aus der Eigenschaft des thematisierten Subjekts als einem endlichen Wesen resultiert. Fichte zeigt im ersten Schritt seiner Argumentation nun auf, dass zu einer derartigen Selbstzuschreibung ein menschliches Individuum dann nicht in der Lage ist, wenn es sich primär als ein epistemisches Subjekt begreift; denn in der Vorstellung, sich bloß kognitiv oder theoretisch auf die Welt zu beziehen, begibt sich jenes Individuum so stark in Abhängigkeit von einer als objektiv gedachten Wirklichkeit, dass es zur Tätigkeit nach selbstgesetzten Zwecken nicht fähig ist. Fichte beeilt sich natürlich hervorzuheben, dass nur aus der Sicht des endlichen Subjekts die äußere Wirklichkeit den Charakter einer unabhängigen Welt besitzt, während der zuschauende Philosoph von ihr doch weiß, dass sie ebenfalls letztlich die Hervorbringung

---

[3] Johann Gottlieb Fichte, »Grundlage des Naturrechts nach Prinzipien der Wissenschaftslehre« (1796), a. a. O., S. 17–20.

eines spontan tätigen Ichs ist;[4] auch hier wird mithin wieder deutlich, wie entscheidend für die gesamte Argumentation in der Naturrechtsschrift die Unterscheidung der beiden Perspektiven ist.

Aus dem zentralen Defizit der bloß theoretischen Haltung oder der »Weltanschauung«[5] ergibt sich nun bereits indirekt, wie das Ergebnis des nächsten Schritts in der Argumentation Fichtes beschaffen sein muss. Wenn das menschliche Individuum zu einem Bewusstsein der eigenen Subjektivität nicht in der Lage ist, solange es sich allein als ein kognitives Wesen gegenüber der Welt begreift, kann nur eine entschiedene Wendung in ein praktisches Selbstverhältnis zu dem geforderten Resultat führen; dementsprechend formuliert Fichte, dass nur »eine freie Selbstbestimmung zur Wirksamkeit«[6] genau die Eigenschaften aufweist, die die Beziehung des endlichen Subjekts zur Wirklichkeit erfüllen können muss, um es zum Bewusstsein der eigenen Subjektivität gelangen zu lassen. Klarer wird die damit umrissene These, wenn genauer gefragt wird, welche Bewusstseinsakte für Fichte mit der »freien Selbstbestimmung zur Wirksamkeit« intern verknüpft sind. Zunächst enthält ein solcher Akt der »freien Selbstbestimmung« eine praktisch gerichtete Zwecksetzung in dem Sinn, dass das Subjekt einen allgemeinen Begriff seiner potentiellen Wirksamkeit in der Wirklichkeit bilden können muss; denn, so setzt Fichte voraus, um praktisch tätig zu werden zu wollen, muss ich Ziele vorausentworfen haben, die mögliche Punkte meines Eingriffs in die Welt markieren. Es ist nach Fichte erst dieser Akt einer Zwecksetzung als »Wirkenwollen«, durch den ein Subjekt seiner selbstautorisierten Freiheit bewusst werden kann; »nur im Wollen«, so heißt es dementsprechend in den »Corollaria« zu demselben Paragraphen, nimmt ein vernünftiges Wesen sich »unmittelbar« wahr.[7] Auf der anderen Seite aber muss in jeder individuellen Zwecksetzung, da sie doch auf praktische Veränderungen in der Welt zielt, auch ein »vorstellendes« Bewusstsein von der Beschaffenheit der Wirklichkeit hineinspielen; es ist geradezu so, wie Fichte sagt, dass unter der Direktive des selbstbestimmten Wirkenwollens an der Welt »Objekte« hervortreten, die zunächst als unabhängige

4 Ebd., S. 18.
5 Ebd.
6 Ebd., S. 19.
7 Ebd., S. 20.

Hindernisse der individuellen Absichten gelten müssen, bevor sie durch Tätigkeit aufgehoben werden können. Insofern geht mit der »freien Selbstbestimmung zur Wirksamkeit« die doppelte Erfahrung zugleich der gründenden Freiheit des Ich als auch seiner endlichen Abhängigkeit von der Welt einher: In der praktischen Zwecksetzung, im »Wirkenwollen«, bringt das endliche Individuum sich als ein Subjekt zu Bewusstsein, das zur Selbstbestimmung deswegen in der Lage ist, weil es die unabhängig vorgestellte Wirklichkeit den selbstgesetzten Zielen tätig zu unterwerfen weiß.

Nun lässt der Text bis an diese Stelle keinerlei Zweifel daran, dass die soeben umrissene Bewusstseinshaltung bislang nur als Forderung an das endliche Subjekt ergeht; nichts anderes will Fichte sagen, als dass ein Individuum nur dann zu einem Bewusstsein seiner eigenen, endlichen Autonomie gelangen kann, wenn es sich im Augenblick einer praktischen Zwecksetzung als zugleich absolutes und beschränktes Ich wahrzunehmen vermag. Dementsprechend ist im Rahmen seiner Deduktion noch ungeklärt, wie ein individuelles Subjekt auch tatsächlich zu jener Art von praktischer Selbstbeziehung gelangen kann, in der es sich in seiner spontanen Aktivität zugleich als Initiator einer Zwecksetzung zu begreifen vermag. Eine besondere Schwierigkeit bei der Beantwortung dieser Frage hängt für Fichte mit den Problemen zusammen, die sich aus der bislang nicht weiter thematisierten Unterstellung ergeben, dass ein Individuum sich im Augenblick des Entschlusses zum Wirkenwollen zeitgleich überhaupt erst als freies Subjekt soll wahrnehmen und damit zu Selbstbewusstsein gelangen können: Denn wie soll es möglich sein, dass ein Individuum sich spontan zur Setzung eines praktisch folgenreichen Zweckes entschließt, wenn es andererseits seines eigenen Charakters als eines selbstbestimmenden, freien Wesens noch gar nicht bewusst sein kann; und wie soll vorgestellt werden können, dass ein Individuum sich im Vollzug einer Zwecksetzung auf diese eigene Aktivität selbst zurückwendet, ohne dabei deren spontanen Vollzugscharakter zu zerstören und sich so als Quelle von zweckbildender Spontaneität aus den Augen zu verlieren. Es sind Paradoxien solcher Art, die Fichte im Fortgang seiner transzendentalen Deduktion zur Behauptung jener überraschenden These bewegen, die den Kern seines Zweiten Lehrsatzes ausmacht: Danach sollen sich die Zirkel, in die der Philosoph sich verstricken würde, wenn er die Bedingungen des Selbstbewusstseins endlicher Subjekte allein aus der bislang umrissenen Bewusstseinshaltung deduzieren wollte, mit Hilfe der Annahme einer intersubjektiven »Aufforderung« vermeiden lassen.[8]

Die Lösung, die Fichte hier anvisiert, sieht zunächst nur die reine Denkmöglichkeit vor, den Akt der Selbstreflexion so zu fassen, dass dabei dem notwendig entgegenzusetzenden Objekt selber alle Eigenschaften von Subjektivität anhaften; in einem solchen Fall nämlich wäre der Gegenstand, den das Individuum in der Vergewisserung seines eigenen Wirkenwollens stets mit zu vergegenwärtigen hat, seinerseits eine Quelle des Wirkenwollens, so dass der Zwang des Rückgriffs auf eine vorgängige Setzung entfiele. Aber der Gedanke, den Fichte in den zitierten Sätzen entwickelt, geht noch ein Stück darüber hinaus, weil mit dem veränderten Charakter des Objekts auch die zu reflektierende Wirksamkeit des Subjekts eine andere Gestalt annimmt: Wenn dessen praktische Zwecksetzung auf einen Gegenstand trifft, der seinerseits Wirksamkeit bezweckt, dann muss diese eher im Sinne einer Reaktion, nämlich einer Vergegenwärtigung jener auf es selber abzielenden Zwecke verstanden werden – nichts anderes kann es heißen, wenn Fichte sagt, dass die »Wirksamkeit des Subjects« hier »selbst das wahrgenommene und begriffene Object« sei.[9] So ergibt sich für Fichte aus dem zunächst nur methodisch begründeten Schritt der Synthesebildung der Hinweis, die bislang nach dem Schema von Subjekt und Objekt gedachte Entgegensetzung in ein Verhältnis der Intersubjektivität umzudeuten: Aus dem Subjekt wird dementsprechend ein Adressat, an den von einem zum Kosubjekt gewordenen Objekt eine Bestimmung, eine Zwecksetzung ergeht.

Bevor diese neue, intersubjektive Konstruktion allerdings die ihr beigemessene Aufgabe erfüllen kann, den besagten Zirkel des Selbstbewusstseins aufzulösen, bedarf es noch der Hinzufügung einer weiteren Voraussetzung, die Fichte in seinem Text zunächst nur am Rande erwähnt. Wenn wir uns den Akt der Selbstbestimmung, in dessen Nachvollzug ein Individuum sich seiner eigenen Subjektivität vergewissern soll, nicht länger als eine Entgegensetzung zu

---

[8] Ebd., S. 34.
[9] Ebd., S. 32.

einem Objekt, sondern als Reaktion auf ein anderes Subjekt vorstellen, dann kann die geforderte Bewusstwerdung nur unter der besonderen Annahme gelingen, dass von jenem zweiten Subjekt eine Bestimmung zur Freiheit ausgeht: Zwischen den beiden aufeinandertreffenden Subjekten muss eine Wechselwirkung bestehen, die von der Art ist, dass das erste sich vom zweiten dazu angehalten sieht, von seiner eigenen Freiheit der Selbstsetzung Gebrauch zu machen. Es ist eine solche Form von Intersubjektivität, die Fichte vor Augen hat, wenn er nun in seinem Text zum ersten Mal, und eher beiläufig, den Begriff der »Aufforderung« verwendet: »Beide [Charaktere, nämlich Subjektivität und Objektivität, A. H.] sind vollkommen vereinigt, wenn wir uns denken ein Bestimmtseyn des Subjects zur Selbstbestimmung, eine Aufforderung an dasselbe, sich zu einer Wirksamkeit zu entschließen.«[10] Und nur wenige Sätze später gibt Fichte dann den Grund an, der ihn der Überzeugung sein lässt, dass die Annahme einer derartigen »Aufforderung« den Zwang des unendlichen Rückgriffs auf die Vergangenheit überflüssig machen würde: »Es [das Subject, A. H.] bekommt den Begriff seiner freien Wirksamkeit, nicht als etwas, das im gegenwärtigen Moment i s t, denn das wäre ein wahrer Widerspruch; sondern als etwas, das im künftigen seyn s o l l.«[11]

Fichte versucht also, so macht dieser Satz deutlich, die Bedingungen des Selbstbewusstseins von individuellen Subjekten mit den Voraussetzungen des Verstehens einer »Aufforderung« gleichzusetzen: Ein Individuum vermag eine beliebige Aufforderung nur zu verstehen, wenn es sich dabei aus der Sicht des für vernünftig gehaltenen Sprechers als eine Person wahrnimmt, die zu freier Selbsttätigkeit, nämlich einer vernünftigen Reaktion, angehalten ist. Die Tatsache, dass mit einer auffordernden Äußerung von Seiten des Sprechers die Erwartung einer ungezwungenen, freien Erwiderung einhergeht, erklärt den futurischen Bezug, den für Fichte hier der Augenblick des Sich-Selbst-Bewusstwerdens enthält: Das Individuum vergewissert sich seiner eigenen Subjektivität in dem Moment, in dem es sich als Adressaten einer Äußerung begreift, die von ihm anschließend, also zukünftig, eine Beantwortung in Selbsttätigkeit

[10] Ebd., S. 32 f.
[11] Ebd., S. 33.

verlangt. Wenn bei dieser Deutung nun zusätzlich noch Berücksichtigung findet, dass Fichte hier den Begriff der »Aufforderung« wohl nicht im starken Sinn eines Imperativs, sondern im schwächeren Sinn der bloßen Anrede verstanden wissen möchte, dann treten die Konturen der von ihm vertretenen These zum ersten Mal klar zu Tage: Der Philosoph, so ist er überzeugt, kann die Bedingungen der Möglichkeit des Selbstbewusstseins und damit der Autonomie endlicher Individuen nur dann widerspruchsfrei erklären, wenn er dabei statt von den Reflexionsleistungen eines einzigen Subjektes von einer Kommunikation zwischen mindestens zwei Subjekten ausgeht; denn es macht den eigentümlichen Zwang einer Situation der Anrede aus, dass ein Individuum sich hier seiner eigenen Selbsttätigkeit aus der Perspektive seines Gegenübers vergewissern können muss, nur um den Sinn von dessen Äußerung zu verstehen. Insofern fallen für Fichte, wie sich zugespitzt sagen lässt, die Bedingungen der Möglichkeit von Selbstbewusstsein mit den impliziten Voraussetzungen des Verstehens einer Anrede zusammen. Von hier aus schlägt Fichte nun den Bogen zur Erklärung der Möglichkeit von Rechtsbeziehungen, dem Thema also, welches ja Anlass seiner Betrachtungen war: Das Subjekt, das sich im Verstehen einer Aufforderung seiner selbst als einer zur Freiheit fähigen Person bewusst wird, muss seine eigene Zwecksetzung nun so weit einschränken können, dass der Andere, von dem die Aufforderung ergeht, seinerseits als ein freies Subjekt bestehen bleiben kann. Insofern müssen beide Subjekte, so will Fichte am Ende sagen, sich wechselseitig in ihrer Freiheit und damit als Rechtspersonen anerkennen können, um jeweils dazu in der Lage zu sein, ein Bewusstsein ihrer eigenen Autonomie zu erlangen.

Hatte Fichte also gemäß seiner Interessen das Verhältnis einer praktischen, durch Anerkennung vermittelten Wechselseitigkeit nur am Fall von Rechtsbeziehungen erläutert, so veranschaulicht sich Hegel dieselbe intersubjektive Struktur zunächst aber am Beispiel der Liebe: Eine Person zu lieben heißt für ihn dementsprechend, deren Wünsche und Interessen deswegen als Gründe für eine Beschränkung des eigenen Handelns gelten zu lassen, weil sie als etwas zu Beförderndes oder Unterstützenswertes erfahren werden. Wenn wir uns eine solche Form der moralischen Selbstbeschränkung zugunsten eines Anderen nun als ein wechselseitiges Geschehen denken, ist zwar schon zu verstehen, warum Hegel darin eine nahezu alltägliche Gestalt der Realisierung eines »Sollens« erblickte und insofern Kant damit auf die Füße zu stellen hoffte; aber es ist noch nicht geklärt, warum er darin im Gegensatz zu Rousseau zusätzlich eine besondere Art von Freiheit erkennen zu können glaubte. Den Schlüssel dazu liefert seine berühmte Formulierung, nach der es sich bei all diesen Formen einer wechselseitigen Anerkennung, sei es im Recht oder der Liebe, um Weisen eines »Bei-sich-selbst-Seins-im-Anderen« handeln sollte: Wenn der Wert, den die eine Person der anderen in der Anerkennung einräumt, nämlich zugleich ein wichtiger Teil ihres eigenen Selbstverständnisses ist, dann darf sie die anerkennende Reaktion jenes Anderen als eine öffentliche Bekräftigung ihres Selbstseins begreifen, welches damit in der sozialen Welt ein zwangloses Zuhause findet. Insofern macht für Hegel der Einzelne in der wechselseitigen Anerkennung zwar seinen Willen vom Willen anderer Subjekte abhängig – worin Rousseau gerade die Gefährdung der menschlichen Freiheit gesehen hatte –, er kann diese Entäußerung aber als eine Bestätigung seiner persönlichen Freiheit und Autonomie erleben, solange jener fremde Wille eine Ergänzung oder einen Widerpart seiner eigenen Wünsche und Absichten darstellt.

Im ständigen Ringen mit Fichte ist Hegel zu all diesen grundlegenden Überzeugungen schon in seinem Frühwerk gelangt. Zu einer Weiterentwicklung der darin angelegten Einsichten kommt es nun, als er sich mit der Absicht der Systembildung an den Entwurf einer »Philosophie des objektiven Geistes« macht, in der die institutionelle Verwirklichung des Geistes auf der Stufe des sozialen Zusammenlebens dargelegt werden soll; infolge der dadurch erforderlichen Neuerungen an seinen Grundkategorien sieht Hegel sich gezwungen, der freiheitsverbürgenden Rolle der Anerkennung eine weitaus stärkere Wendung ins Gesellschaftstheoretische zu geben, als ihm das bislang vor Augen gestanden hatte. Zwei Schritte sind es vor allem, die Hegel zu dieser gesellschaftstheoretischen Erweiterung des Prinzips der Anerkennung gelangen lassen: Zum einen geht er nun im Zuge seiner Systembildung zunehmend davon aus, dass der Wert, den das anerkennende Subjekt in seinem Gegenüber verkörpert sieht, weniger eine bloß individuelle Vorliebe als vielmehr die gesellschaftliche Präferenzordnung zum Ausdruck bringt, in der jene sich wechselseitig anerkennenden Subjekte großgeworden sind; es ist der »objektive Geist«, das zur »Zweiten Natur« gewordene Institutionengefüge einer bestimmten Zeit, so ließe sich auch sagen, wodurch für Hegel jetzt entschieden wird, welche Wünsche und Interessen die Einzelnen besitzen und welche Eigenschaften am Anderen sie daher wertzuschätzen lernen. Im Zuge dieser Einsicht in die institutionelle Vermittlung aller Anerkennungsprozesse wächst bei Hegel zweitens aber auch die Erkenntnis, dass solche Akte der wechselseitigen Anerkennung immer dann den Zündstoff zu sozialen Konflikten liefern können, wenn den beteiligten Subjekten aufgrund der gesellschaftlichen Wertordnung normativ unterschiedlich gewichtete Eigenschaften zugewiesen werden; dann nämlich kann es aus seiner Sicht zu Kämpfen unter den Gesellschaftsmitgliedern darüber kommen, welche ihrer Befähigungen tatsächlich als wertvoll und damit als Gründe für die in der Anerkennung vollzogene Beschränkung des eigenen Handelns gelten sollen. In dem berühmten Kapitel über »Herrschaft und Knechtschaft«, das in der 1806 abgeschlossenen »Phänomenologie des Geistes« direkt auf die erste Erwähnung der wechselseitigen Anerkennung als einer notwendigen Bedingung eines subjektiven Freiheitsbewusstseins folgt, hat Hegel dieser konflikttheoretischen Seite seiner Theorie zum ersten Mal systematisch Ausdruck verliehen; demzufolge können der Herr und der Knecht deswegen nicht zu einer reziproken Bekräftigung ihres jeweiligen Selbstseins gelangen, weil die gesellschaftlichen Normen, in deren Horizont sie agieren, ein solches symmetrisches Sich-Wiederfinden in den gesellschaftlich typisierten Eigenschaften des jeweils Anderen nicht zulassen.[12]

II. Rousseaus Skepsis

Auch in der gesellschaftstheoretischen Fassung, die Hegel seiner Anerkennungslehre mit diesen beiden Neuerungen gegeben hat, finden allerdings die skeptischen Bedenken noch keinen rechten Platz, die Rousseau gegenüber der freiheitsermöglichenden Rolle

---

[12] G.W.F. Hegel, Phänomenologie des Geistes (1807), Theorie-Werkausgabe Bd. 3, Frankfurt/M. 1970, B.IV.A, S. 145–155.

der Anerkennung vorgebracht hatte. Lassen Sie mich an dieser Stelle daher zunächst kurz erläutern, warum Rousseau im menschlichen Streben nach Anerkennung, der »amour propre«, überhaupt eine Gefährdung der individuellen Freiheit gesehen hat.

In der genealogischen Gedankenführung des Zweiten Diskurses, der *Abhandlung über die Ursachen der Ungleichheit unter den Menschen*, taucht die »amour propre« längst nicht an so prominenter Stelle auf, wie es ihre zentrale Bedeutung für die gesamte Konstruktion der Studie eigentlich verlangt hätte; gewiss erwähnt Rousseau den Begriff gelegentlich, wenn es um die Identifizierung der tieferliegenden Ursachen für die Entstehung sozialer Ungleichheit geht, aber im Grunde genommen behält er dessen Erläuterung doch einer einzigen längeren Anmerkung vor, deren Gewicht daher aber auch kaum zu überschätzen ist. Hier, in der Anmerkung XV des Textes,[13] wird die Bedeutung der »amour propre« aus ihrem Gegensatz zur »amour de soi-même«, zur Selbstliebe, heraus umrissen, wobei alle Aufmerksamkeit auf die Differenzen im jeweils vorausgesetzten Beurteilungsmaßstab gelenkt wird: Während es sich bei der »amour de soi«, die Rousseau als eine natürliche Anlage des Menschen begreift, um eine Art Selbstinteressiertheit handelt, die das Überleben des Einzelnen dadurch sichert, dass sie ihn einzig und allein auf die je eigenen, vitalen Kriterien des Guten und Richtigen vertrauen lässt, verschiebt sich in der erst später hinzutretenden, insofern künstlichen »amour propre« dieser Maßstab der Selbstinteressiertheit dahingehend, dass nun die Meinung der Anderen zur Richtschnur des opportunen Verhaltens wird. Am prägnantesten erläutert Rousseau diesen Unterschied in seiner Anmerkung wohl dann, wenn er die wohl der Moraltheorie Humes entnommene, aber bereits auf Adam Smith vorverweisende Formulierung verwendet, dass im Gefühl oder Streben der »amour de soi« das Subjekt nur »sich selbst als den einzigen Zuschauer« kennt, wohingegen es in dem der »amour propre« die Anderen als »Richter« über sein Tun und Lassen betrachtet. Werden die Differenzen zwischen den beiden Weisen der Selbstinteressiertheit auf eine derartige Weise erläutert, so ist freilich vorläufig noch vollkommen unklar, warum mit der zweiten

---

[13] Jean-Jacques Rousseau, Diskurs über die Ungleichheit (1755), a. a. O., S. 368–373.

Einstellung, die der »amour propre«, überhaupt eine Tendenz zum Negativen oder Problematischen verknüpft sein soll; im Gegenteil, aus der Perspektive von Adam Smith ließe sich ja sagen, dass eine Orientierung des eigenen Handelns am verinnerlichten Urteil der zunächst nur äußerlich Anderen einem bloß selbstbezüglichen Tun an Umsicht und Angemessenheit weit überlegen sei. Aber Rousseau hebt in seinem Kommentar auf eine ganz andere Komponente an dieser intersubjektiv vermittelten Selbsteinschätzung ab, die mit den heilsamen Wirkungen des »unparteiischen Beobachters« in der »Theory of Moral Sentiments«[14] kaum mehr vereinbar zu sein scheint: Nicht eine Instanz der Korrektur eigener Urteile, nicht eine förderliche Kraft der kognitiven und moralischen Dezentrierung ist für Rousseau der zum »Richter« gewordene Andere, sondern eine ständige Quelle des Antriebs, sich als überlegen gegenüber seinen Mitmenschen beweisen zu müssen. Wofür die »amour propre« im Zweiten Diskurs zunächst einmal steht, ist eine Form der Selbstinteressiertheit, die dadurch zum Stachel eines sozialen Geltungsdrangs geworden ist, dass sie das fürs eigene Fortbestehen erforderliche Handeln von der Begutachtung durch andere Personen abhängig macht.

Allerdings ist es auch bei genauerem Hinsehen gar nicht leicht, exakt den Punkt auszumachen, an dem Rousseau in seiner Beschreibung des Stellenwerts des verinnerlichten Beobachters von der durch Adam Smith nur wenige Jahre später gelieferten Analyse abweicht; denn beide wollen ja insofern zunächst auf das Gleiche hinaus, als sie für den vergesellschafteten Menschen behaupten, dass er sich in der Einschätzung der Angemessenheit seines Verhaltens in der Regel am präsumtiven Urteil eines generalisierten Anderen orientiert. Ein in der Konsequenz schließlich aber gravierender Unterschied besteht darin, dass Rousseau diese duale Beziehung zwischen Subjekt und innerem Beobachter noch einmal um eine weitere Beziehung anreichert, die sich ergeben soll, weil zusätzlich auch die real anwesenden Personen das sich an seinem intersubjektiven »Richter« orientierende Subjekt beobachten; mit beiden Perspektiven konfrontiert, wird Rousseau zufolge dann das

---

¹⁴ Adam Smith, The Theory of Moral Sentiments (1759), Cambridge/UK 2002.

betreffende Subjekt dazu angehalten, sich vor seinem inneren Beobachter in einer Weise zu präsentieren, die es vor seinen anwesenden Mitsubjekten als überlegen oder höherrangig dastehen lässt. Insofern ist »amour propre« im Unterschied zur Selbstbeurteilung durch das Hineinversetzen in die Perspektive eines »unparteiischen Beobachters« der Ausdruck für ein dreigliedriges Beziehungsgefüge des vergesellschafteten Menschen: Sobald der Einzelne in Folge dichter werdender Interaktionsverhältnisse gelernt hat, sein Verhalten am Urteil des verallgemeinerten Anderen auszurichten, wird er zugleich darum bemüht sein, sich diesem gegenüber möglichst vorteilhaft darzustellen, um nach eigener Einschätzung in den Augen seiner Zeitgenossen mehr gelten zu können. Das Perfide an dieser Abhängigkeit vom Urteil Anderer stellt für Rousseau nicht, wie er immer wieder deutlich macht, der bloße Umstand dar, dass hier jemand Eigenschaften vortäuscht, über die er faktisch nach eigener Kenntnis gar nicht verfügt; fatal ist aus der Sicht Rousseaus an der »amour propre« vielmehr, dass sie den Einzelnen sich über sich selbst täuschen lässt, weil er sich ja nicht nur nach außen, vor seinen Mitmenschen, sondern vor seinem inneren Richter als eine Person mit möglichst vorteilhaften Attributen präsentieren können muss – wonach es dem Individuum verlangt, wenn es seine »amour propre« zu befriedigen sucht, ist nicht einfach soziale Wertschätzung, sondern Selbstwertschätzung, also ein Bewusstsein des eigenen Werts.

Alles, was Rousseau im Zweiten Diskurs über die sozialen Pathologien seiner Zeit aussagt, hat ihm zufolge in dieser aus der »amour propre« erwachsenen Geltungssucht seine Wurzeln: Die Menschen sind in der bürgerlichen Gesellschaft rastlos damit beschäftigt, Attribute zu erlangen, die ihnen aus der Sicht ihres verinnerlichten Beobachters einen Status verleihen, der dem der anderen Zeitgenossen überlegen ist. Einmal in Gang gekommen, kennt die »ungestüme Aktivität unserer Eigenliebe«, die »pétulante activité de nôtre amour propre«, keine Grenzen mehr, weil sie aufgrund ihres bloß relativen Charakters jedes distinktionsverschaffende Merkmal schnell verbraucht sein lässt und daher zu immer neuen Anstrengungen zwingt, die eigene Überlegenheit glaubhaft zu demonstrieren: Was gestern noch in Bezug auf Reichtum, Macht oder Schönheit als Zeichen einer individuellen Höherrangigkeit gelten konnte, muss heute infolge sozialer Verbreitung schon wieder übertrumpft werden, so dass auf allen Feldern der Statuskonkurrenz eine Tendenz zum ständigen Höherschrauben des Distinktionsgebarens herrscht. Das Theater übernimmt in diesem kulturellen Prozess, wie wir gesehen haben, nur die verstärkende Rolle einer Anstalt des Raffinements; es ist Rousseau deswegen so verhasst, weil die Bürgerinnen und Bürger hier Verhaltensweisen erlernen, mit denen sie derart überzeugend Eigenschaften und Statusmerkmale vortäuschen können, dass sie am Ende selbst noch von deren Authentizität überzeugt sind.

Schon der Émile, mit dessen Abfassung Rousseau bereits wenige Jahre nach der Veröffentlichung des Zweiten Diskurses beginnt, macht nun aber deutlich, dass er es bei der bloß kritischen Diagnose der »amour propre« nicht einfach bewenden lassen will; hier taucht nämlich derselbe Begriff mehrfach wieder auf, ohne sofort und automatisch mit all den negativen Konnotationen behaftet zu sein, die ihm im Rahmen der Kulturkritik noch zukommen. Nimmt man zu dieser Schrift noch den etwa zeitgleich entstehenden *Contrat Social* hinzu,[15] in dem zwar nicht direkt von der »amour propre«, aber doch von verwandten Einstellungen die Rede ist, so zeichnet sich im Denken Rousseaus ein Weg ab, der ein wachsendes Bemühen um eine Differenzierung des ihn leitenden Begriffes verrät; unzufrieden damit, keinen Ausweg aus den dargestellten Pathologien der bürgerlichen Gesellschaft aufzeigen zu können, ringt der Philosoph ab den frühen 1760er Jahren mit der Möglichkeit, neben der schädlichen Gestalt auch eine heilsame, sozialverträgliche Form der »amour propre« behaupten zu können. Nun ist es für Rousseau aber gar nicht leicht, von der zunächst nur negativen Formbestimmung der »amour propre« einen Weg zu bahnen zu einer Bestimmung, in der diese plötzlich in einem positiven Licht erscheint; was erforderlich wäre, um das zu erreichen, müsste in einer Skizzierung der Bedingungen bestehen, unter denen an der intersubjektiv vermittelten Selbstbeurteilung die Nötigung wegfiele, sich den Mitsubjekten gegenüber als höherrangig zu erweisen. Im Émile finden sich eine Reihe von Formulierungen, die anschaulich deutlich machen, wie Rousseau sich mit der schwierigen Aufgabe einer Fixierung solcher

---

[15] Jean-Jacques Rousseau, Vom Gesellschaftsvertrag oder Grundsätze des Staatsrechts (1762), hg. von Hans Brockard, Stuttgart 2003.

Bedingungen erst nur abmüht; überall dort, wo er auf die unvermeidliche Herausbildung der »amour propre« bei seinem Zögling zu sprechen kommt, erkundet er sogleich wie in einer experimentellen Versuchsanordnung, was unternommen werden müsste, um der Gefahr der sich daraus zumeist ergebenden Geltungssucht vorzubeugen. Die Lösung, die Rousseau für sein Problem schließlich bereithält, besteht in einem Ratschlag, der auf den ersten Blick noch sehr rätselhaft klingt: »Dehnen wir die Eigenliebe [amour propre, A. H.] auf andere aus«, so heißt es, »verwandeln wir sie in Tugend. Es gibt kein Menschenherz, in dem diese Tugend nicht ihre Wurzeln hätte.«[16] Einen Sinn ergibt diese Formulierung, wenn man sich klarmacht, dass eine »Ausdehnung« der »amour propre« bedeuten würde, jeden Anderen in der gleichen Weise sein eigenes Handeln am Urteil eines verallgemeinerten Beobachters ausrichten zu sehen; erfolgt ein solcher Perspektivenwechsel, so scheint Rousseau sagen zu wollen, erkennen wir also in allen Mitsubjekten dasselbe Ringen um Bewährung vor ihrem inneren Richter, so entfällt auch der Antrieb, sie an Ansehen und Status übertrumpfen zu wollen. Dieser Gedankengang lässt sich noch klarer fassen, wenn statt vom »inneren Richter« davon gesprochen wird, dass die Subjekte gleichermaßen auf eine generalisierte Zustimmung von Seiten der sie umgebenden Gesellschaft angewiesen sind; von einer Ausdehnung der »amour propre« zu reden, heißt dann nämlich nichts anderes, als den Subjekten die Einsicht nahe zu legen, dass sie wechselseitig der sozialen Anerkennung bedürfen und daher auf ein konkurrenzhaftes Streben nach höherem Ansehen verzichten sollten. Rousseau versucht eine Vergiftung der »amour propre« bei seinem Zögling Émile dadurch zu verhindern, dass er ihm beizubringen versucht, sich angesichts der Verwiesenheit aller Menschen auf gesellschaftliche Anerkennung mit einem sozialen Ansehen zu bescheiden, in der genau diese wechselseitige Abhängigkeit zum Ausdruck kommt; die Formel, auf die sich eine derart temperierte Form der sozialen Anerkennung bringen lässt und die auch Rousseaus Lösungsvorschlag angemessen wiedergibt, lautet Respekt unter Gleichen.

16 J.-J. Rousseau, Emil oder über die Erziehung (1762), hg. von Ludwig Schmidt, Paderborn [13]1998, S. 261.

III. Hegels Synthese

Eine solche Anerkennung unter Gleichen hatte Hegel aber nun, wie
wir gesehen haben, überall dort für möglich gehalten, wo die institutionellen Strukturen intersubjektive Beziehungen ermöglichen,
in denen die Beteiligten sich wechselseitig deswegen wertschätzen
oder anerkennen können, weil sie über sich ergänzende Eigenschaften verfügen. In seinen Vorlesungen zur »Rechtsphilosophie«, die
er seit 1816 regelmäßig zunächst in Heidelberg und dann in Berlin
abhielt, legt er dar, inwiefern in den »modernen« Gesellschaften des
Zeitalters nach der Französischen Revolution die Anerkennungskämpfe vergangener Epochen dadurch erfolgreich überwunden
werden konnten, dass jetzt in den Sphären des Rechts, der Familie, der Marktgesellschaft und schließlich des Staates institutionelle
Bedingungen herrschen sollen, unter denen sich die Gesellschaftsmitglieder jeweils symmetrische oder gleiche Anerkennung für ihre
sich ergänzenden Eigenschaften schulden. Allerdings machen diese
Vorlesungen auch klar, dass er gleichzeitig versuchen möchte, der
Skepsis Rousseaus, also der negativen Seite des Anerkennungsstre-
bens, noch einen gewissen Platz in seinen Überlegungen einzuräu-
men. Zwar nur gelegentlich, dafür aber deutlich hervorgehoben
taucht in dieser eher harmonisierenden Darstellung der neuen,
nach-revolutionären Anerkennungsordnung ein Gedanke auf, der
erkennbar Spuren der von Rousseau mobilisierten Zweifel trägt. An
diesen Stellen scheint Hegel sagen zu wollen, dass diejenigen, die in
das Netzwerk der symmetrischen Anerkennungsformen nicht ein-
bezogen sind oder darin noch kein Zuhause haben finden können,
seltsam anmutende, gleichsam privatistische Strategien entwickeln
müssen, um ihr Bedürfnis nach öffentlicher Bekräftigung ihres
Selbstseins doch noch zu befriedigen – als ein Beispiel für viele mag
hier der »Gewerbetreibende« stehen, der mangels Mitgliedschaft in
einer seine »Standesehre« sichernden Korporation alles daranlegen
muss, »seine Anerkennung durch die äußerliche Darlegungen seines Erfolges«, also durch ostentativen Konsum, zu erlangen.[17] Von
dieser Einsicht Rousseaus, der zufolge das individuelle Bedürfnis

---

[17] G.W.F. Hegel, Grundlinien der Philosophie des Rechts (1820), Theorie-
Werkausgabe Bd. 7, Frankfurt/M. 1970, § 253.

nach sozialer Anerkennung immer dann pathologisch wirkende und damit freiheitseinschränkende Verhaltensweisen hervortreiben muss, wenn es nicht in gesellschaftlich geregelten Formen einer Wechselseitigkeit der Wertschätzung befriedigt werden kann, wird Hegel zeitlebens nicht mehr lassen; auch wenn er die naturalistische Rede von einem »Bedürfnis« stets vermied und stattdessen von der »Anerkennung« eher als einer notwendigen Bedingung sprach, um überhaupt als eine wie auch immer »freie« Person an der sozialen Interaktion teilnehmen zu können, sah er in seinem reifen Werk die Skepsis Rousseaus doch stets als einen unentbehrlichen Bestandteil seiner eigenen Theorie der Anerkennung an.

Die Theorie der Anerkennung, die uns Hegel in seinen Schriften hinterlassen hat, besteht daher aus weitaus mehr Elementen, als gemeinhin wahrgenommen wird. Sie enthält über die positive Lehre hinaus, dass die wechselseitige Anerkennung als die Vollzugsform von Freiheit im gesellschaftlichen Zusammenleben und damit als Bedingung von Autonomie zu gelten hat, in rudimentärer Weise auch eine neue Auffassung der moralischen Triebkräfte sozialer Konflikte sowie eine weitreichende Erklärung der Ursachen von Verhaltensmustern, die wir heute als »soziale Pathologien« bezeichnen würden; und erst alle drei theoretischen Bestandteile zusammen, die jeweils die konstitutive, die konfliktuelle und die pathologische Seite von Prozessen der gesellschaftlichen Anerkennung beleuchten, bilden als Einheit die Substanz der Hegel'schen Anerkennungslehre.

Dass aber an diesem geschlossenen Gefüge häufig nur einzelne Versatzstücke wahrgenommen und dann als das Ganze der Theorie präsentiert wurden, hing wohl im Wesentlichen mit dem historischen Kontext und der Erfahrungslage zusammen, in denen Hegels Werk jeweils rezipiert wurde. So bestand in der Folge der bahnbrechenden Vorlesungen von Alexandre Kojève lange Zeit ein Interesse vor allem an der Konfliktseite des Anerkennungsgeschehens, die Hegel in seinem Kapitel über »Herrschaft und Knechtschaft« ins Zentrum gerückt hatte; ein eindrucksvolles Beispiel für diese Rezeptionsphase stellt etwa Frantz Fanons berühmte Studie »Die Verdammten dieser Erde« dar, in der das Hegel'sche Konfliktmodell zur Anwendung gebracht wurde, um die psychosoziale Dynamik des Verhältnisses von kolonialisierten Völkern und europäischen

Kolonialherren zu beschreiben.[18] Als sich dann in den 1990er Jahren mit der angelsächsischen Rezeption eine neue Phase der Wirkungsgeschichte Bahn bricht, tritt mit einem Mal viel stärker die freiheitsermöglichende, konstitutive Rolle der Anerkennung in den Vordergrund; nun wird an dem komplexen Anerkennungsgeschehen, das Hegel begrifflich zu bestimmen versucht hatte, im Wesentlichen nur noch die positive Funktion hervorgehoben, die die wechselseitige Anerkennung im sozialen Leben dadurch übernimmt, dass sie kraft ihrer Nötigung zur Beschränkung des je eigenen Handelns dem Interaktionspartner individuelle Freiheitsspielräume eröffnet. Nimmt man aber die gegenwärtigen Zeitumstände zur Kenntnis, so könnte es durchaus sein, dass diese Rezeptionswelle schon bald durch eine dritte Sichtweise abgelöst wird, in der plötzlich mit Hegel die Gefahr des Pathologischen an aller Anerkennung ins Zentrum gestellt wird; denn vieles deutet heute darauf hin, dass sich die bislang gegebenen Anerkennungsverhältnisse in den Familien, in der Arbeitswelt und in der politischen Öffentlichkeit in einer Weise wandeln, die mehr und mehr Gesellschaftsmitglieder ihrer gewohnten Wertschätzung beraubt und diese daher in privatistischer, sozial noch nicht geregelter Form nach neuen Möglichkeiten der gesellschaftlichen Anerkennung suchen lässt.[19] Auch eine solche Aktualisierung der Lehre Hegels, wie fruchtbar sie auch immer sein könnte, dürfte freilich nicht über seine grundlegende Einsicht hinwegtäuschen, dass zum Prozess der Anerkennung der Möglichkeit nach immer alle drei Momente gehören: die gesellschaftlich geregelte Anerkennungsordnung, das Potenzial des Kampfes um die zugrundeliegenden Wertzuschreibungen und die Gefahr der pathologischen Entgleisung in bloß private Formen der Anerkennungsbehauptung.

[18] Frantz Fanon, Die Verdammten dieser Erde, Frankfurt/M. 2001.
[19] Axel Honneth, »Verwilderungen des sozialen Konflikts. Anerkennungskämpfe zu Beginn des 21. Jahrhunderts«, in: Axel Honneth/Ophelia Lindemann/Stephan Voswinkel (Hg.), Strukturwandel der Anerkennung, Frankfurt/M., New York 2013, S. 17-39.

Angelica Nuzzo

Phänomenologien der Intersubjektivität
Fichte zwischen Hegel und Husserl

1. Transzendentales Ich: Solipsismus und Intersubjektivität

Bereits im Jahr 1795 reagierte Goethe auf die *Grundlage der gesamten Wissenschaftslehre* von 1794 in der ironischen Weise, dass er Fichte selbst als das »absolute Ich« bezeichnete und die Steine, die Jenaer Studenten durch sein Fenster warfen, als unhöfliche »Nicht-Iche«. In der Geschichte der Fichte-Lektüren und -Interpretationen ist Goethes Bemerkung in diversen, durchaus ernstgemeinten Variationen ein ums andere Mal wiederholt worden. Diesem vielstimmigen Chor fügt Husserl eine wichtige Tonlage hinzu. Seine Bemerkungen sind einschlägig, wenn man eine Bewertung darüber abgeben möchte, welchen Beitrag Fichte zur Entwicklung von der Transzendentalphilosophie hin zur transzendentalen Phänomenologie geleistet hat. Was alle diese Erläuterungsversuche trotz ihrer unterschiedlichen Motivationen gemeinsam haben, ist, dass sie Fichte so verstehen, als würde er das Ich in dem Sinne absolut setzen (und es auch noch mit Gott identifizieren)[1], dass er damit eine zutiefst problematische, unüberwindbare Trennung zwischen dem absoluten und dem empirischen Ich gutheiße. Mehr noch, der Philosoph selbst wird so gesehen, als ob er sich in schamloser Weise an die Stelle des absoluten Ichs setzen wolle; die *Grundlage* erfährt damit eine geradezu biographische Interpretation. In dieser so orchestrierten persönlichen Schamlosigkeit liegt dann auch eine entscheidende Differenz zwischen Kants und Fichtes Transzendentalphilosophie. Denn Kants transzendentales Subjekt ist keineswegs

---

[1] Vgl. Reinhard Lauth, Das Problem der Interpersonalität bei J. G. Fichte, in: ders., Transzendentale Entwicklungslinien von Descartes bis zu Marx und Dostojewski, Hamburg 1989, 180–195, 182 (ursprünglich erschienen als: Le problème de l'interpersonnalité chez J. G. Fichte, in: Archives de Philosophie 25 (1962), 325–344). Lauth bezeichnet diese Position als »Grundirrtum« der Interpretation.

zum absoluten erhoben, und Kant ist weit davon entfernt, sich selbst diese Position zuzuschreiben. Bezeichnenderweise impliziert jene angebliche Gleichsetzung des Philosophen Fichte mit dem absoluten Ich eine quasi-phänomenologische Einstellung. Darin kann jedoch die Wurzel einer weiteren seit langem vorgebrachten Anklage gegen Fichtes *Wissenschaftslehre* – und bereits gegen Kants Transzendentalphilosophie – entdeckt werden, nämlich die Anklage des Solipsismus bzw. des Egoismus.

In einem Brief an Reinhold aus dem Jahr 1794 bezeichnet Baggesen Fichtes Philosophie als philosophischen Egoismus.[2] Die Setzung des absoluten Ichs sei die Setzung eines solipsistischen Subjekts, das unfähig sei, die Sphäre seiner subjektiven Isolation zu durchbrechen und nach der Welt der wirklichen Objekte und anderer Subjekte auszulangen – das Nicht-Ich ist immer schon Produkt oder »Setzung« des Ichs. In ähnlicher Weise verfolgte das Gespenst des Idealismus Kant in der ersten *Kritik*, und der praktische Egoismus tauchte als wichtige Zielscheibe in der zweiten *Kritik* auf. In Kants Sicht ist der »logische Egoist« die Person, die es ablehnt, ihr eigenes Urteil in der Konfrontation mit anderen zu überprüfen, »gleich als ob er dieses Probirsteins (criterium veritatis externum) gar nicht bedürfe«[3]. Der Position des logischen Egoisten stellt Kant die Geisteshaltung eines Menschen gegenüber, der »sich nicht als die ganze Welt in seinem Selbst befassend, sondern als einen bloßen Weltbürger zu betrachten und zu verhalten«[4] weiß. Fichte stimmt hierin grundsätzlich mit Kant überein. Er sieht im praktischen »Egoismus« die schlimmste Seuche seines Zeitalters und bekämpft ihn seinerseits während seiner gesamten Laufbahn. Dennoch hört das theoretische Problem nicht auf, sich seiner Philosophie aufzudrängen. Wie Baggesen beobachtet, stößt eine Philosophie, die mit

[2] So im Brief Baggesens an Reinhold vom 04./05. September 1794 (mit dem Zitat des Tagebucheintrags vom 19. Dezember 1793): vgl. Erich Fuchs, Reinhard Lauth, Walter Schieche (Hgg.), J. G. Fichte im Gespräch. Berichte der Zeitgenossen, Bd. 1: 1762–1798, Stuttgart-Bad Cannstatt 1978, 145 f.

[3] Immanuel Kant, Anthropologie in pragmatischer Hinsicht, in: ders., Gesammelte Schriften, hg. von der Königlich Preußischen, später Deutschen Akademie der Wissenschaften, Berlin 1902 ff. [= AA], Bd. 7, 128. Für eine Diskussion von Kants Position vgl. Katerina Deligiorgi, Kant and the Culture of Enlightenment, Albany (NY) 2005, 82.

[4] Anthropologie in pragmatischer Hinsicht: AA 7, 130.

einem einzigen Ich beginnt – sei es die »Ichheit« oder das »Ich« – unvermeidbar auf das Problem, wie sie die *Pluralität* von Subjekten rechtfertigen könne.

Die Diskussion über Egoismus und Solipsismus geht zurück auf das Ende des 17. Jahrhunderts. Ein Jahrhundert später kristallisiert sie sich rund um Kants Transzendentalphilosophie und ihre zeitgenössischen Variationen und Nachbesserungen. An diesem Punkt allerdings ist »Egoismus« lediglich eine andere Weise, um den Vorwurf des Spinozismus (und mit ihm den des Atheismus) zu erheben. In seiner spinozistischen Variante ist Solipsismus ein Egoismus (und dieser wiederum ein Atheismus), insoweit die Welt (der Objekte und anderer Subjekte) im Letzten reduziert wird auf das monistische absolute Ich, das nun den Platz von Spinozas Substanz einnimmt.[5] Somit muss die Version der Transzendentalphilosophie, die Fichte in der *Wissenschaftslehre* von 1794 vorlegt, von Anfang an den Vorwurf abwehren, der ihrem sie begründenden transzendentalen Subjekt die Fähigkeit abspricht, die Individualität des empirischen Subjekts, die Realität einer Welt von Objekten sowie die Pluralität anderer Subjekte zu erreichen. Genau dies ist der Punkt, an dem die Diskussion über die Natur des Nicht-Ichs – d. h. über seine mehr oder weniger authentische und positive Andersheit in Relation zum Ich –in den Blick kommt.

Die solipsistische bzw. egoistische Interpretation von Fichtes Philosophie dominierte die Forschung bis zu Lauths einflussreichem Aufsatz über den Begriff der »Interpersonalität« bei Fichte aus dem Jahr 1962. Lauth beschließt seinen Beitrag mit der Behauptung, dass Fichte nicht nur der erste gewesen sei, der eine umfassende »Theorie der Interpersonalität« zu bieten hatte (er sei ihr »Schöpfer« gewesen), die dann von Hegel, Husserl, Heidegger und Sartre weiterentwickelt wurde, sondern dass er mit dieser Theorie bis auf den heutigen Tag sogar unübertroffen geblieben sei.[6] Um nicht missverstanden zu werden: Die Thematik – und auch der spezifische Begriff – von Intersubjektivität oder Interpersonalität kam in der philosophischen Diskussion erst nach Feuerbach auf; und das Interesse daran wuchs

---

[5] Vgl. die Rekonstruktion dieser Debatte bei George Di Giovanni, Freedom and Religion in Kant and His Immediate Successors. The Vocation of Humankind, 1774–1800, Cambridge 2005.

[6] Vgl. Lauth, Das Problem der Interpersonalität, 195.

in signifikanter Weise erst nach der Krisenzeit des politischen Totalitarismus im 20. Jahrhundert.[7] Demgegenüber erkannten Fichtes Zeitgenossen in ihm alles andere als einen Philosophen der Intersubjektivität, wie er heute zunehmend gesehen wird; wie bereits gesagt, stempelten sie ihn vielmehr als vollendeten »Egoisten« ab. Für sie bestand das Problem weniger in der philosophischen Rechtfertigung eines anderen Menschen als eher in der Fundierung einer empirischen Pluralität aus einem einzigen absoluten Ich heraus. Insofern führt eine Diskussion des Problems der Interpersonalität in Fichtes Philosophie notwendigerweise zu der umfassenderen Fragestellung, auf welche Weise die Philosophie nach Fichte das Thema der Intersubjektivität als einer selbständigen Kategorie zwischen Subjekt und Objekt ›geschaffen‹ und entwickelt hat. Worauf weist der Begriff – und das Problem – der Intersubjektivität hin? Und was sind die alternativen philosophischen Sichtweisen oder Methodologien, die es erlauben, sich dem Problem der Intersubjektivität anzunähern und es zu lösen? Dies sind die allgemeinen Hintergrundfragen, die ich in diesem Aufsatz weiterverfolgen möchte.

In § 57 der *Krisis der europäischen Wissenschaften* stellt Husserl seine eigene Variation der oben erwähnten Bemerkung Goethes über Fichte vor. Zur Debatte steht dabei das Problem der Entwicklung der Transzendentalphilosophie, in dem Verlauf, den sie von Lockes psychologisch orientierter, empirischer Theorie des Wissens über Kants eigene Transzendentalphilosophie bis hin zu den metaphysischen und in der Tat »mythische[n] Begriffsbildungen« seiner Nachfolger (Fichte und Hegel) genommen hat. Genauer gesagt wird hier die Krise verhandelt, die die transzendentale Tradition in der Zeit nach Kant zu spüren bekommt und die das Bedürfnis nach einer phänomenologischen Weiterentwicklung oder Korrektur der Transzendentalphilosophie weckt. Die letzte Station dieses Weges wird durch Husserls eigene Phänomenologie repräsentiert, die als transzendentale Phänomenologie als die treue Erbin der transzendentalen Wende eingeführt wird. Das »Kreuz« der Transzendentalphilosophie wird von Husserl in der »Differenz zwischen der empirischen und der transzendentalen Subjektivität« gesehen – ei-

---

[7] Vgl. Claudio Cesa, In tema di intersoggettività, in: ders., J. G. Fichte e l'idealismo trascendentale, Bologna 1992, 189–233, 210.

ner Differenz, die in ebenso unverständlicher wie unvermeidlicher Weise in ihre »Identität« umschlägt. Fichte stellt für Husserl in dieser Hinsicht das Paradebeispiel dar. Husserl zögert nicht, in der Darlegung des Problems und mit Hilfe der Einführung des Begriffs der Konstitution die Erste-Person-Perspektive einzunehmen: »Ich selbst als transzendentales Ich ›konstituiere‹ die Welt«. An dieser Stelle verbinden sich zwei Themen. In transzendentaler Hinsicht spielt der Verstand eine gesetzgebende Rolle gegenüber der Welt. In phänomenologischer Hinsicht ist der Verstand *mein* Verstand, d. h. der Verstand der Philosophin, die in der Welt lebt: »mein transzendentaler Verstand [...] formt mich selbst nach diesen Gesetzen«. Folglich Husserls Bemerkung: »Das sich selbst setzende Ich, von dem Fichte spricht, kann es ein anderes sein als das Fichtes?«. Husserl ist sich darüber im Klaren, dass man diese Behauptung in der Tat für eine »wirkliche Absurdität« halten könnte – ziemlich genau in dem Sinn, wie Goethe es tat. Aber man könne sie auch als die Herausforderung einer »auflösbare[n] Paradoxie« verstehen, und in dem Fall bestünde die Aufgabe darin, die »Methode« zu finden, die uns aus dieser Situation herausführt.[8] Bezeichnenderweise besteht für Husserl die Auflösung der Paradoxie nicht darin, die Erste-Person-Perspektive (nach der das transzendentale Ich Fichtes eigenes Ich ist) aufzugeben, sondern die Perspektive des Solipsismus, zu welcher der Philosoph anderweitig verdammt ist. Während Fichte nicht in der Lage gewesen sei, das Paradox aufzulösen, und deshalb in der Falle des Solipsismus gefangen geblieben sei, soll Husserls Phänomenologie die richtige Methode zur Verfügung stellen, um daraus auszubrechen. Nach Husserl ist das Problem des Nicht-Ichs explizit das Problem der Intersubjektivität. Die Fragestellung lautet nun präziser, »wie ich über mein individuelles Selbstbewußtsein hinaus ein allgemeines, ein transzendental-intersubjektives haben kann«[9]. Mit dieser Frage gibt Husserl Fichtes scheinbar paradoxe

---

[8] Husserl wird in diesem Aufsatz zitiert nach Edmund Husserl, Gesammelte Werke (Husserliana), aufgrund des Nachlasses veröffentlicht vom Husserl-Archiv Louvain unter Leitung von H. L. Van Breda u. a., Den Haag 1950 ff. [= HUA]. Alle Zitate im obigen Abschnitt sind entnommen aus: Die Krisis der europäischen Wissenschaften und die transzendentale Phänomenologie. Eine Einleitung in die phänomenologische Philosophie: HUA VI, 205.

[9] Die Krisis der europäischen Wissenschaften: HUA VI, 206.

Position nicht auf. Vielmehr treibt er ihr phänomenologisches Potential weiter hervor. Das stellt einen wichtigen Unterschied dar zwischen dem Einwand des Solipsismus, wie ihn Fichtes Zeitgenossen erhoben haben und wie Husserl ihn nun formuliert. Husserl zufolge kann die Frage der Erweiterung der Subjektivität hin zur Intersubjektivität nicht auf einem rein transzendentalen Wege beantwortet werden; und sie kann auch nicht an die Psychologie delegiert werden, welche immer noch als der einzige Ausweg sowohl aus Kants als auch aus Fichtes Solipsismus angesehen wurde. Einzig eine transzendentale Phänomenologie könne die Antwort geben.

Diese Diskussion macht klar, dass wir Husserl zufolge, in einer Linie mit der gesamten nach-kantischen und nach-hegelschen Tradition des späten 19. und frühen 20. Jahrhunderts, in Fichtes Philosophie mehr die Causa des Solipsismus und weniger die Idee der Intersubjektivität entdecken. Dennoch betrachtet Husserl Intersubjektivität als die positive Errungenschaft der transzendentalen Phänomenologie und sieht in der letztgenannten ihrerseits das Korrektiv der mythisch-metaphysischen Unzulänglichkeiten der Transzendentalphilosophie. Mit Husserl gewinnen wir also einen gemeinsamen methodologischen Rahmen, innerhalb dessen die Verbindung von Solipsismus bzw. Egoismus und Intersubjektivität artikuliert werden kann.

Im Folgenden werde ich das Thema der Intersubjektivität untersuchen, indem ich das allgemeine Problem der *philosophischen Methode* bzw. Perspektive auf die Tagesordnung setze, welches mir erlaubt, die Bedeutung und die spezifische Realität von Intersubjektivität offenzulegen. Oder anders gesagt: Ich werde die Frage nach den verschiedenen Aspekten des Begriffs und der Realität von Intersubjektivität stellen, wie sie von verschiedenen philosophischen Methoden ans Licht gebracht werden können. Auf diese Weise wiederhole ich die Frage, die Husserl in der *Krisis* erhob (aber auch bereits in der fünften *Cartesianischen Meditation* diskutiert hatte): Wie sieht die *Methode* aus, die uns aus Fichtes mutmaßlichem Solipsismus herausführt und uns in eine intersubjektiv geteilte Welt versetzt? Ich werde drei verschiedene mögliche Zugangsweisen zum Problem der Intersubjektivität diskutieren: diejenige, die Fichtes Transzendentalphilosophie bereitstellt, dann die durch Hegels

Dialektik (und dialektische Phänomenologie) und schließlich die durch Husserls transzendentale Phänomenologie dargebotene. Dabei strebe ich nicht an, die Entwicklung des Problems bei jedem der drei Philosophen einzeln zu verfolgen oder eine umfassende Darstellung seiner Rolle in ihrem jeweiligen Werk zu liefern.[10] Stattdessen begrenze ich meine Diskussion auf die systematische und methodologische Ebene und verwende als Leitfaden die folgende allgemeine Frage: Was bringen wir mit dem philosophischen Problem der Intersubjektivität zum Ausdruck? Vor diesem Hintergrund konzentriere ich mich auf einige relevante Momente in den Gedankengängen der besagten Philosophen. Ich werde dazu die drei folgenden Punkte angehen: Was bedeutet es, die Frage nach Intersubjektivität aus einer *transzendentalen* Perspektive heraus zu stellen? Was trägt *Dialektik* zum Denken von Interpersonalität bei? Und schließlich: Wie sehen die intersubjektiven Strukturen aus, die durch die *transzendentale Phänomenologie* ans Licht gebracht werden?

2. Fichte: Philosophischer Egoist oder Philosoph der Intersubjektivität?

Fangen wir noch einmal mit der allgemeinen Frage an: Was genau ist mit dem Problem der Intersubjektivität bzw. Interpersonalität gemeint, das heißt, was ist überhaupt problematisch an Intersubjektivität? Diese Frage sollte insbesondere dann gestellt werden, wenn entweder (mit Baggesen und seinen Zeitgenossen) die Anklage des philosophischen Egoismus Fichtes zur Debatte steht oder aber (mit Lauth und vielen unserer Zeitgenossen) die Ansicht, dass Fichte der »Schöpfer« und Meister einer Philosophie der Intersubjektivität sei.

Zunächst wollen wir das Problem der Intersubjektivität bedenken als den Ausdruck des Bedürfnisses nach einer theoretischen Rechtfertigung oder Grundlegung anderer menschlicher Wesen als solcher (ihrer Existenz oder der Vorstellung von ihnen).[11] Aus

---

[10] Diese Arbeit ist u. a. von Lauth und Cesa vorbildlich geleistet worden.

[11] Wie im Folgenden dargelegt wird, kann einerseits die Grundlegung der *Existenz* anderer menschlicher Wesen, andererseits die Rechtfertigung *unserer Vorstellung* von ihnen zur Debatte stehen.

einer empiristischen Perspektive heraus bedarf Intersubjektivität eigentlich keiner Rechtfertigung; das Problem ergibt sich schlichtweg nicht. In Lockes Sicht z. B. erkennen wir einen anderen Menschen als Menschen, indem wir Vergleiche mit uns selbst anstellen – Vergleiche, die sich zuerst und hauptsächlich auf physischer Ebene abspielen (ein Punkt, der in der *Grundlage des Naturrechts* auch für Fichte wichtig werden wird):

> »[I]ch bin überzeugt, jeder würde, wenn er ein Geschöpf von seiner eigenen Gestalt oder Bildungsweise sähe, es einen *Menschen* nennen, auch wenn es zeitlebens nicht mehr Vernunft besäße als eine Katze oder ein Papagei. Wer dagegen eine Katze oder einen Papagei reden, schließen und philosophieren hörte, würde sie doch immer nur als *Katze* oder *Papagei* ansehen oder bezeichnen. Er würde sagen, jenes sei ein stumpfsinniger unvernünftiger Mensch, dieses ein sehr kluger, vernünftiger Papagei«[12].

Dass auf einer bloß faktischen Ebene »die Vorstellung von vernünftigen Wesen ausser uns in unserm empirischen Bewußtseyn enthalten sey«[13], stellt Fichte in der *Bestimmung des Gelehrten* von 1794 als eine Tatsache fest. Das Problem der theoretischen Rechtfertigung der Annahme anderer vernünftiger, menschlicher Wesen außerhalb von uns ist nicht von empirischer Art. Es ist ein spezifisch *transzendentales* Problem. Aus transzendentaler Perspektive ist es nicht genug, die Existenz Anderer faktisch festzustellen. Eine solche Existenz muss gerechtfertigt (bzw. deduziert) werden in Relation zum Ich und seiner Aktivität. Für dieses spezifisch transzendentale Problem bietet Fichte in der *Grundlage der gesamten Wissenschaftslehre* von 1794 eine erste – und noch völlig formale – Antwort. Die Frage, die den transzendentalen Philosophen und den theoretischen Egoisten voneinander trennt, ist genau die, »ob dieser Vorstellung [von einem anderen vernünftigen Wesen] etwas ausser derselben

---

[12] Locke, John, An Essay Concerning Human Understanding, Buch II, Kap. XXVII, § 8, hier zitiert nach John Locke, Versuch über den menschlichen Verstand, Bd. I: Buch I und II, Hamburg ⁵2000, 416 f.

[13] Fichte wird in diesem Aufsatz zitiert nach Johann Gottlieb Fichte, Gesamtausgabe der Bayerischen Akademie der Wissenschaften, hg. von E. Fuchs., H. Gliwitzky, R. Lauth, P. K. Schneider, Stuttgart-Bad Cannstatt 1962 ff. [= GA], hier: Über die Bestimmung des Gelehrten: GA I/3, 35 (SW VI, 303).

entspreche«[14]; welche uns wiederum zu der weiteren Frage führt, wie wir zwischen Objekten und Subjekten unterscheiden können.[15]

In der *Bestimmung des Gelehrten* wie auch später in der *Grundlage des Naturrechts* versucht Fichte, dieses *transzendentale* Problem *praktisch* zu lösen. Lauth projiziert bei der Untersuchung der Beziehung zwischen der *Grundlage der gesamten Wissenschaftslehre*, in der Intersubjektivität abwesend zu sein scheint, und der zeitgleichen *Bestimmung des Gelehrten* die materialen Folgerungen der letztgenannten Schrift auf die formalen Prinzipien zurück, die von der erstgenannten Schrift aufgestellt werden. Seine These lautet, dass es bereits in der *Grundlage* Fichtes Ziel gewesen sei, das Nicht-Ich als ein Ich zu setzen, d. h. als ein zweites Ich »in Kommunikation und in sittlicher Gemeinschaft mit dem setzenden Ich«[16]. Das Nicht-Ich steht hier bereits für Interpersonalität. Man mag Lauth in diesem Ergebnis folgen oder nicht. Es bleibt jedenfalls wahr, dass das Problem der Interpersonalität für Fichte ein *materiales* Problem ist (bzw. ein Problem für den materialen Teil der *Wissenschaftslehre*), das erst außerhalb der spezifisch formalen Fragestellung der *transzendentalen* Philosophie aufkommt. Dieser Punkt wird wichtig werden, wenn Husserls Versuch, die damit verbundenen Schwierigkeiten von Fichtes Theorie zu überwinden, bewertet werden soll.

Um eine der Bedeutungen von »transzendental« zur Geltung zu bringen, argumentiert Fichte, dass der »transcendentale Philosoph« annehmen müsse, »daß alles was sey, nur *für* ein Ich, und was für ein Ich seyn soll, nur *durch* das Ich seyn könne«[17]. Wenn das Ich aber in dieser Weise Dreh- und Angelpunkt sein soll, dann muss Fichtes Transzendentalphilosophie »unsere Ueberzeugung von dem Daseyn einer Welt ausser uns deduciren«[18]. An dieser Behauptung ist entscheidend, dass die Deduktion, die vom transzendentalen Standpunkt aus erfordert wird, nicht die Existenz einer Welt oder anderer vernünftiger Subjekte betrifft. Vielmehr ist es die Rechtfertigung oder Deduktion *unserer Überzeugung oder Vorstellung* von der Exis-

---

14 Über die Bestimmung des Gelehrten: GA I/3, 35 (SW VI, 303).

15 Vgl. dazu beispielsweise die Zweite Einleitung in die Wissenschaftslehre: GA I,4, 254 f. (SW I, 501 f.).

16 Lauth, Das Problem der Interpersonalität, 187.

17 Grundlage des Naturrechts: GA I/3, 335 (SW III, 24).

18 Ebd.

tenz einer Welt und anderer vernünftiger Subjekte, die auf dem Spiel steht. Dieser Punkt ist wichtig für die Bewertung des Ausmaßes, mit dem sich Fichte der Intersubjektivität und der Überwindung des Egoismus verpflichtet sieht. Wir können die transzendentale These noch weiter treiben und mit Cesa dafür argumentieren, dass Fichtes zentrales Interesse nicht die Deduktion von Intersubjektivität als solcher ist. Sein Ziel ist es eher, die intersubjektive Welt dafür einzusetzen, um sowohl das erkennende als auch das praktische Subjekt als Ich zu bestimmen. Insofern in erster Linie immer noch die transzendentale Grundlegung des Ichs, nicht die Grundlegung des Anderen, verhandelt wird, bleibt Fichtes Perspektive subjektiv. Sie ist nicht intersubjektiv in dem Sinne, der später von Husserl oder Sartre diesem Ausdruck verliehen wird. Die Beziehung zum Anderen, die in der *Grundlage des Naturrechts* von 1796/97 durch die zentralen Begriffe »Aufforderung«, »Anmutung«, »Anerkennung« und »Anstoß« hergestellt wird, kann tatsächlich in diesem (immer noch subjektiven) Sinne gelesen werden. Fichtes Hauptfrage ist letztlich: »wie vermag das Subjekt sich selbst zu finden?«[19]. Schaut man so auf die Problemlage, ist Intersubjektivität in der Tat eine transzendentale Funktion von Subjektivität; gerade in dieser transzendentalen Funktion aber wird Intersubjektivität unmittelbar von Subjektivität absorbiert. Der oder die Andere macht das Ich transzendental möglich; d. h. dass Intersubjektivität transzendental konstitutiv für das Ich ist, insofern das Ich sich selbst nur als ein interpersonales Ich setzen kann. Das Ich bleibt jedoch der Ausgangspunkt und die Grenze, die nicht überschritten werden kann. Die Grundlegung eines interpersonalen Ichs ist nicht deckungsgleich mit der Grundlegung von Interpersonalität als solcher. Diese fundamentale Ambivalenz ist meines Erachtens dem transzendentalen Standpunkt eingeschrieben. Noch in Husserls transzendentaler Phänomenologie wird sie angetroffen werden.

Um einen Weg hinaus aus dem philosophischen Egoismus zu suchen, kann eine zusätzliche Bedeutung des Begriffs der Intersubjektivität unterstrichen werden. Intersubjektivität ist nicht nur eine spezifisch transzendentale Angelegenheit, sie ist auch ein *ethisches* Thema. Und das ist Fichte von Anfang an klar. In dieser Per-

[19] Grundlage des Naturrechts: GA I/3, 343 (SW III, 33).

spektive meint Intersubjektivität eine Konstellation wechselseitiger Beziehungen, die für das Ich als solches konstitutiv sind. Das Ich ist interpersonal oder konstitutiv intersubjektiv aufgrund der fundamentalen Beziehungen und Tätigkeiten, die von Fichte als »Anerkennung«, »Anmutung«, »Aufforderung« bezeichnet werden, in denen und durch die das Ich überhaupt erst als Subjekt konstituiert wird. Es ist *transzendental* notwendig für das Ich, anderen vernünftigen Wesen Realität zuzuschreiben – andernfalls kann sich das Ich nicht selbst als Ich setzen; aber dies ist ebenso *ethisch* notwendig, d. h. es ist ein Gebot des moralischen Gesetzes – denn andernfalls kann das Ich sich selbst nicht als ein *freies* Wesen realisieren. Intersubjektivität konstituiert die eigentliche Idee subjektiver Freiheit. Führt uns diese ethische Korrektur oder Inklusion der transzendentalen Perspektive aus dem, dieses Mal praktischen, Egoismus hinaus? Das wäre in der Tat der Fall, wenn die ethische Perspektive der Ort wäre, an dem die Deduktion des Anderen nicht länger eine Funktion des Ichs wäre, sondern eine unabhängige Dimension jenseits von Subjektivität und Objektivität eröffnen würde. Dies ist der Punkt, an dem Hegels Kritik an Fichtes Position in unserer Diskussion zum Tragen kommen kann.

In einem Brief an Jacobi aus dem Jahr 1795 bringt Fichte das sittlich-rechtliche Problem der *Grundlage des Naturrechts* mit dem Vorwurf des Egoismus in Verbindung, der gegen sein Werk von 1794 erhoben worden war:

> »Mein absolutes Ich ist offenbar nicht das Individuum: so haben beleidigte Höflinge und ärgerliche Philosophen mich erklärt, um mir die schändliche Lehre des praktischen Egoismus anzudichten. Aber das Individuum muß aus dem absoluten Ich deducirt werden. Dazu wird die Wissenschaftslehre im Naturrecht ungesäumt schreiten«[20].

Ein endliches »Sinnenwesen« kann nur gedacht werden »in einer Sphäre von Sinnenwesen«, mit denen es in »Wechselwirkung« steht: »und in sofern heißt es Individuum«. In dieser Sphäre, so argumentiert Fichte, heißen die »Bedingungen der Individualität [...] Rechte«[21]. Hier treffen wir auf die komplexe Darlegung der Struk-

---

20 Brief an Jacobi vom 30. August 1795: GA III/2, 392.
21 Ebd.

tur der »Aufforderung«, die Fichte in der *Grundlage* entwickelt. Sie stellt den systematischen Kern von Fichtes Theorie der Interpersonalität dar. Die Deduktion des Individuellen versetzt dieses in einen intersubjektiven Kontext. In der *Grundlage des Naturrechts* findet die Deduktion des anderen menschlichen Subjekts in einem praktischen Rahmen statt, in dem das ethische mit einem rechtlichen Problem verknüpft wird. Die Sphäre des Rechts ist aber der Raum, in dem gegenseitig sich-selbst-begrenzende Egoismen ihren legitimen Ort finden. Intersubjektivität und Egoismus koexistieren hier; in der Tat handelt es sich um die Vervielfältigung von Egoismen.

3. Hegel: *Sittlichkeit* und Intersubjektivität

Aus dieser Untersuchung des Problems der Intersubjektivität in Fichtes Schriften aus den Jahren 1794 bis 1797 kann folgende Lehre gezogen werden. Das Thema der Intersubjektivität ist in der *transzendentalen* Perspektive von Fichtes Werk impliziert, es ist aber auch mit einer fundamentalen Zweideutigkeit behaftet. In Übereinstimmung mit der Interpretation, die Cesa gegeben hat, besteht der Verdacht, dass Intersubjektivität nicht um ihrer selbst willen bzw. als eine dritte Kategorie neben Subjektivität und Objektivität in die Diskussion eingeführt wird, sondern als die Bedingung für die Grundlegung und transzendentale Rechtfertigung des individuellen Subjekts. Allerdings kann ein über diese Interpretation hinausgehendes Ergebnis erzielt werden, wenn die *moralische* und *rechtliche* Bedeutung des Begriffs der Intersubjektivität unterstrichen wird. Die *Grundlage des Naturrechts* entwickelt zwei unterschiedliche und doch miteinander verbundene Fragestellungen: auf der einen Seite das Problem, wie das Subjekt sich selbst als Subjekt findet; auf der anderen Seite das Problem, wie das Subjekt andere vernünftige Wesen außerhalb seiner anerkennt – Wesen, mit denen seine eigene Tätigkeit notwendigerweise verbunden sein muss, um die moralische Welt des Geistes zu errichten. Auf diese Weise wird die spezifisch gesellschaftliche Dimension von Intersubjektivität eingeholt.

An dieser Stelle ist es freilich angezeigt, eine Beurteilung der Art des sozialen Kontextes vorzunehmen, den Fichtes *Grundlage des Naturrechts* freigelegt hat. Ich peile eine solche Beurteilung indirekt an, indem ich eine zweite Perspektive ins Spiel bringe, mittels derer Intersubjektivität philosophisch untersucht werden kann, nämlich die der Dialektik. Ich konzentriere mich auf Hegels *Philosophie des Rechts* von 1821 und untersuche die Beziehung, welche die Dialektik zwischen Individualität und ethischem Leben bzw. »Sittlichkeit« herstellt. Welchen Platz nimmt Intersubjektivität in Hegels *Philosophie des Rechts* ein? In der Tat erweist sich die Spannung von Individualität (und Individualismus) und Intersubjektivität als ein zentrales Problem bei der Interpretation dieses Werkes. Aus der Reihe der zahlreichen Antworten, die auf dieses Problem gegeben worden sind, möchte ich lediglich Iltings Lektüre dieses Buches als einer »Phänomenologie des Bewusstseins der Freiheit« sowie Theunissens These von Hegels »verdrängter Intersubjektivität« nennen.

Obwohl ich nicht Hegels phänomenologische Entwicklung der »Anerkennung« mit derjenigen Fichtes vergleichen werde, kann ein Wort zu Hegels Werk von 1807 nicht vermieden werden.[22] Im Selbstbewusstsein-Kapitel der *Phänomenologie des Geistes* zeigt Hegel bekanntermaßen, inwiefern Selbstbewusstsein eine notwendige »Verdopplung« impliziert,[23] deren Bewegung der Prozess der »Anerkennung« ist. Diesbezüglich möchte ich zwei Punkte unterstreichen. Zum einen ist die Notwendigkeit dieser Bewegung für die Konstitution von Selbstbewusstsein Hegels phänomenologischer und dialektischer Vorgehensweise geschuldet, die sich explizit gegen eine transzendentale Konstruktion wie bei Kant oder Fichte richtet.[24] Zum zweiten führt die Dialektik der Anerkennung an die Schwelle des höheren »Begriff[s] des Geistes«. »Geist« ist die umfassende Einheit, die den Konflikt verschiedener, voneinander unabhängiger Selbstbewusstseine umgreift. In einer berühmten Formulierung ist »Geist« die Wechselseitigkeit des »*Ich*, das *Wir*, und *Wir*, das *Ich* ist«[25]. Der Hegel'sche »Geist« redet nicht aus der Perspektive

---

22 Eine zusammenfassende Darstellung dieses Themas, die auch relevant für eine Kritik an Ilting ist (s. u.), findet sich bei Robert R. Williams, Hegel's Ethics of Recognition, Berkeley 1997.

23 Hegel wird in diesem Aufsatz zitiert nach Georg Wilhelm Friedrich Hegel, Werke in 20 Bänden, hg. von E. Moldenhauer, K. M. Michel, Frankfurt am Main 1968 ff. [= TWA]. Hier vgl. TWA 3, 146 f.

24 Dies wird aus der Vorrede dieses Werkes deutlich.

25 Phänomenologie des Geistes: TWA 3, 145.

der ersten Person Singular; aber auf der Ebene des Kampfes um Anerkennung spricht er auch nicht ein intersubjektives »Wir« aus. In der späteren *Enzyklopädie* gehört das Moment der Anerkennung noch zum subjektiven Geist, also zu einer Stufe der Entwicklung des Geistes, die noch individualistisch ist – d. h. noch nicht gesellschaftlich und noch nicht tätig im objektiven Rahmen miteinander geteilter Institutionen. Anerkennung mag der notwendige Anfang von Intersubjektivität sein. Sie ist aber nicht ihre hinreichende Bedingung. Wo aber finden wir dann Intersubjektivität in der dialektischen Entwicklung des Geistes? Welchen Platz nimmt Intersubjektivität in Hegels Systematik des Geistes ein?

In Hegels Augen ist Fichtes Erläuterung von Intersubjektivität – oder des sozialen Raumes, der aus der Interaktion sich wechselseitig anerkennender Subjekte entsteht – zu subjektiv, zu psychologisch, letztlich zu individualistisch. Fichtes Verständnis wechselseitiger Anerkennung bleibt insofern zu individualistisch, als dass die handelnden Personen zwar so verstanden werden, dass sie sich gegenseitig binden, dies aber als isolierte Individuen tun. Für Hegel behält Fichtes Ich »die Bedeutung des einzelnen wirklichen Selbstbewußtseins, entgegengesetzt dem allgemeinen, absoluten, oder dem Geiste, worin es selbst nur Moment ist; denn das einzelne Selbstbewußtsein ist eben dieses, das gegen ein Anderes auf der Seite stehenbleibt«[26]. Mit anderen Worten: Das Handlungssubjekt bleibt bei Fichte ein isoliertes Individuum, das niemals »Geist« als eine kollektiv-integrative Struktur erreicht. Auf dieser Basis aber bleibt es unmöglich, normative Autorität zu etablieren.

In Hegels System tritt Intersubjektivität als ein fundamentales Konzept der Dialektik in der objektiven Wirklichkeit des Geistes auf. Die höchste Manifestation der objektiven Wirklichkeit des Geistes ist »Sittlichkeit«. Die dialektische Darstellung dieses Reiches ist das Thema der *Grundlinien der Philosophie des Rechts, oder Naturrecht und Staatswissenschaft im Grundrisse* von 1821. Dieses Werk erfüllt eine fundamentale kritische Funktion gegenüber der Naturrechtstradition, die Hegel zuerst und vor allem wegen ihres

[26] Vorlesungen über die Geschichte der Philosophie: TWA 20, 408. Vgl. dazu Terry Pinkard, Subjects, Objects, and Normativity: What Is It Like to *Be* an Agent?, in: Internationales Jahrbuch des Deutschen Idealismus 1 (2003), 201–219, 204 ff.

Individualismus angreift. Die *Grundlinien* sind kein Traktat über das Naturrecht mehr; ihm lässt Hegel vielmehr die radikale Kritik zukommen, die diese Tradition beendet. Während über diesen Punkt Konsens in der Forschung besteht, bleibt es nach wie vor verblüffend, dass Hegel sein Werk mit dem höchst individualistischen, ja atomistischen Standpunkt des »abstrakten Rechts« eröffnet. Wie kann dieser Anfang mit Hegels schonungsloser Kritik des naturrechtlichen Individualismus versöhnt werden? Um diese Frage zu beantworten, hat Ilting vorgeschlagen, die *Philosophie des Rechts* als eine »Phänomenologie« zu betrachten, die dazu dienen soll, den Erfahrungsprozess menschlichen Bewusstseins darzustellen, das im Fortschreiten von einem Standpunkt zum anderen denkt und handelt. Die Schwierigkeiten, die diese Interpretation mit sich bringt, sind jedoch zahlreich und können nicht in diesem Beitrag diskutiert werden. Ich führe Iltings Interpretation aber deshalb an, um zu zeigen, wie sich im Rahmen des dialektischen Zugangs zu unserem Problem ein phänomenologischer Weg auftun kann.[27] Der Haupteinwand gegen diese Sichtweise ist systematischer Natur. Um es kurz zu sagen: Iltings Lektüre kann der systematischen Funktion, die Hegel der Sphäre des objektiven Geistes in der Artikulation der Wirklichkeit des Geistes zuschreibt, nicht gerecht werden.

Hegels Kritik an Fichtes subjektivem Individualismus wird gerahmt durch seine umfassende Kritik an der Tradition des Naturrechts. Hegels wirkliche Alternative zu Fichtes allzu individualistischer, vor-sozialer (Inter-)Subjektivität kann auf der Stufe der »Sittlichkeit« gefunden werden. Meine These besteht darin, dass die *Grundlinien* ihre kritische Funktion gegenüber dem Individualismus des Naturrechts auf der Basis der dialektischen Methode ausüben, die die in diesem Buch unterschiedenen Sphären gliedert. Hegels bedeutsamste und allgemeinste Kritik ist dargelegt im systematischen Fortschreiten der drei Sphären: abstraktes Recht –

---

[27] Vgl. Karl-Heinz Ilting, Rechtsphilosophie als Phänomenologie des Bewußtseins der Freiheit, in: Dieter Henrich, Rolf-Peter Horstmann (Hgg.), Hegels Philosophie des Rechts. Die Theorie der Rechtsformen und ihre Logik, Stuttgart 1982, 225–254; sowie im selben Band Ludwig Siep, Intersubjektivität, Recht und Staat in Hegels ›Grundlinien der Philosophie des Rechts‹ (Korreferat zu Karl-Heinz Ilting), 255–276. Für die Kritik an Iltings Position vgl. Williams, Hegel's Ethics of Recognition.

Moralität – Sittlichkeit. Wie sollte dieses Fortschreiten interpretiert werden und worin besteht seine Verbindung zur Fragestellung der Intersubjektivität? Ich kann hier lediglich eine kurze Antwort auf dieses umfangreiche Problem geben.[28] Innerhalb der systematischen Struktur der *Philosophie des Rechts* fungiert die dialektische Artikulation des abstrakten Rechts und der Moralität als eine *reductio ad absurdum* des Individualismus. Hegel vertritt die These, dass die Sphären des abstrakten Rechts und der Moralität gerade wegen ihrer unausweichlich individualistischen Verfasstheit unfähig sind, den Grund für wirklich intersubjektives, gesellschaftliches Leben zu legen. Von ihnen ist kein Übergang zu einem solchen Leben möglich; oder, um es anders zu sagen, jeder Versuch einer Herleitung von Intersubjektivität aus einem solipsistischen, isolierten Individuum ist zum Scheitern verurteilt. Für Hobbes wie für Rousseau und schließlich für Fichte wird das begrenzte individuelle Bewusstsein der rechtlichen Subjekte im politischen Zustand schlicht durch höhere, vorgeblich vernünftige Institutionen ersetzt. Insofern kann Fichtes *Naturrecht* tatsächlich als der am weitesten fortgeschrittene, von seinem Prinzip her aber immer noch unmöglich zum Ziel führende Versuch betrachtet werden, eine intersubjektive Dimension in die kontraktualistische Begründung sozialen und politischen Lebens samt seinen Institutionen zu integrieren.

Die dialektische Methode entlarvt diesen Mangel in zweifacher Weise. Zunächst bietet die Dialektik eine immanente Kritik des abstrakten Rechts und der Moralität, indem sie deren jeweiliges intersubjektives Defizit als Leitfaden benutzt. Des Weiteren befreit die Dialektik aus der schlimmen Sackgasse, in die das abstrakte Recht und die Moralität führen – namentlich aus den blockierten Figuren des »Unrechts« und des moralischen »Bösen« –, durch die Aufhebung dieser Strukturen in die höhere Sphäre der Sittlichkeit.[29]

---

[28] Dieser Fragestellung widmet sich ausführlich mein Buch: Angelica Nuzzo, Rappresentazione e concetto nella logica della Filosofia del diritto di Hegel, Napoli 1990.

[29] Vgl. Michael Theunissen, Die verdrängte Intersubjektivität in Hegels Philosophie des Rechts, in: Henrich, Horstmann, Hegels Philosophie des Rechts, 317–381, 339. Für eine kritische Diskussion dieses Übergangs (sowie der entsprechenden Sekundärliteratur) vgl. Nuzzo, Rappresentazione e concetto, Kapitel 3.

Hegels Argument besteht darin aufzuzeigen, dass das abstrakte
Recht und die Moralität nichts anderes sind als »Abstraktionen«,
die nicht als Ausgangspunkt einer *Philosophie des Rechts* dienen
können (sie sind Ausgangspunkte für ein *Naturrecht*, aber dieses
findet nie zu wahrer Intersubjektivität). Der Ausgangspunkt einer
Philosophie des Rechts kann einzig in der Sphäre der Sittlichkeit
liegen, innerhalb derer Recht und Moralität ihre konkrete und wirk-
same Bedeutung erlangen. Diese Sphäre allein ist also das Reich
wahrer Intersubjektivität.

Hegels Kritik am Vertrag kann als ein Beispiel für seine Strategie
der *reductio ad absurdum* des abstrakten Rechtes angeführt werden.
Der Vertrag impliziert eine Beziehung zu Anderen, jedoch bleibt
das individuelle Subjekt, insofern es sein Eigentum bewahrt und
den anderen Subjekten ihr Eigentum lässt, »indifferent« dem Anderen gegenüber und in keiner Beziehung an es gebunden. Überdies
beruhen die »Gemeinsamkeit« und »Gegenseitigkeit« des Vertrags
auf »Willkür« und sind mithin völlig zufällig.[30] Die Gültigkeit der
Vertragsbeziehung wird durchgängig durch die Möglichkeit der
Täuschung bedroht. Zusammengefasst: Die a-soziale Welt des abstrakten Rechts ist ein Konstrukt, das auf Abstraktion von der Wirklichkeit gegründet ist. Diese Abstraktion offenbart sich in dem Umstand, dass Intersubjektivität systematisch aus dem Bild ausradiert
wird. Entsprechend erschließt sich Hegels wohldurchdachte Insis-
tenz auf dem solipsistischen Charakter des Rechtssubjekts.

Seine Kritik an der Moralität trägt Hegel ähnlich vor. Wie das
Recht ist auch Moralität nur möglich und wirklich im Kontext der
bürgerlichen Gesellschaft. Wird sie hingegen aus dieser Sphäre her-
ausgenommen, dann scheint Moralität zwar zunächst eine positive
Beziehung zum anderen Willen aufzubauen; im Endeffekt aber (und
auf heuchlerische Weise) revoziert sie alle Intersubjektivität, indem
sie sich in die fixierte Form reinen Selbstbezugs verschließt. Wenn
mein »Wohl«, damit ich moralisch bin, » *Wohl auch Anderer*«[31] sein
muss, dann ist dieses Gebot nicht mehr als eine leere Abstraktion,
weil dieses Ergebnis nur innerhalb der bürgerlichen Gesellschaft
zu erreichen ist. Am Ende der Entwicklung der Moralität ist das

---

[30] Vgl. Grundlinien der Philosophie des Rechts, § 75: TWA 7, 157.
[31] Grundlinien der Philosophie des Rechts, § 125: TWA 7, 236.

moralische Subjekt genauso abstrakt, leer, unwirklich sowie gesellschaftlich und intersubjektiv irrelevant wie das Subjekt des abstrakten Rechts.[32] Sowohl in der Sphäre des abstrakten Rechts als auch in derjenigen der Moralität zeigt Hegel auf, dass das intersubjektive, gesellschaftliche Defizit, das in der Abstraktion ihres jeweiligen Anfangs angelegt ist, innerhalb desselben Standpunkts nicht eingeholt oder korrigiert werden kann. Dieses Defizit bewirkt vielmehr die Degeneration des rechtlichen und des moralischen Standpunkts überhaupt. Die einzige Möglichkeit, aus dieser ausweglosen Situation herauszufinden, besteht in der dialektischen Aufhebung beider Standpunkte innerhalb der Dimension der Sittlichkeit. Wie Theunissen bemerkt hat, gibt es in diesen beiden Sphären keine Entwicklung und keinen Fortschritt; hier führt die doppelte Negation nicht zu einem positiven Ergebnis *innerhalb derselben Sphäre*; wir werden eher Zeugen einer blockierten Bewegung, die in einer Sackgasse endet: im »Unrecht« und im »Bösen«.[33] Das bedeutet, dass die Aufhebung in der Dimension der Sittlichkeit die Antwort der Dialektik auf den ungelösten Gegensatz der vorhergehenden Standpunkte ist.[34]

Sittliche Intersubjektivität heißt die Alternative, die Hegels Dialektik zwischen der atomistischen, a-sozialen Individualität des Naturrechts und der alles umfassenden, organischen Totalität der Metaphysik der Substanz vorschlägt.[35] Innerhalb der Struktur der Sittlichkeit ist Freiheit von Beginn an und in konstitutiver Weise intersubjektiv. Der Andere ist hier nicht mehr eine Grenze (oder etwas »Fremdes«) für das Individuum. Ebenso wenig ist das Individuum dem Anderen gegenüber als individuell gesetzt.[36] Vielmehr

---

[32] Vgl. Grundlinien der Philosophie des Rechts, § 141: TWA 7, 286.

[33] Vgl. Theunissen, Die verdrängte Intersubjektivität, 339 und 342 ff.

[34] Vgl. Grundlinien der Philosophie des Rechts, § 141: TWA 7, 286.

[35] Vgl. Hegels Behauptung in den Grundlinien der Philosophie des Rechts, § 156, Zusatz: TWA 7, 305. – Dies ist die Erwartung, die Theunissen in seiner Untersuchung anleitet. Seine Analyse führt jedoch zu dem enttäuschenden Schluss, dass diese Alternative durch die Entwicklung von Hegels Theorie »verdrängt« oder zurückgenommen wird, insbesondere durch seine Theorie des Staates. In Theunissens Darstellung spielt Intersubjektivität für Hegel nur in der Perspektive der Kritik eine Rolle. Seine positive Lehre über Intersubjektivität bleibe »verdrängt«.

[36] Vgl. z. B. Grundlinien der Philosophie des Rechts, § 147: TWA 7, 295.

sind in der Sphäre der Sittlichkeit beide, der Andere und das Individuum, in ihrer Beziehung zueinander Momente der Entwicklung von intersubjektiver Freiheit. In Hegels dialektischem Zugang ist der Begriff einer vor-sozialen, transzendental fundierten oder deduzierten Intersubjektivität als Bedingung für gesellschaftliche Interaktion ein steriler Begriff, der genauso zu kurz greift wie der atomistische Individualismus des abstrakten Rechts und der Moralität, in denen gesellschaftliche Interaktion nichts anderes ist als Illusion, als »Schein«. Die dialektische Struktur von Freiheit, welche zugleich die genuine dialektische Struktur des objektiven Geistes ist, kehrt den transzendentalen Standpunkt um. Entsprechend gilt: Weil nun ein intersubjektives Verständnis vermittelter Freiheit als Grundlage des Prozesses angesetzt ist, besteht in dieser Perspektive auch kein Bedarf nach einer »Deduktion« von Intersubjektivität. Auf der Ebene der Sittlichkeit beweist die Dialektik, dass das »abstrakte Recht« und das »abstrakte Gute« der vorhergehenden beiden Sphären in die Figur des »lebendige[n] Guten«[37] verwandelt und durch sie ersetzt werden. Innerhalb der Sittlichkeit ist das Gute eine lebendige Realität (es ist wirklich als »der *wirkliche Geist*«[38] anstelle eines bloß »abstrakten Guten«), insofern es mittels der intersubjektiven Allgemeinheit verfügt wird, die sittliches Leben als »allgemeines Leben« konstituiert. Aus dieser Struktur heraus, die zuerst in der Gestalt der Familie auftritt, erwachsen die Individuen, die Hegels bürgerliche Gesellschaft bevölkern.

4. Husserl: Intersubjektivität und transzendentale Phänomenologie

Indem Hegels Dialektik das Problem der Intersubjektivität im Zentrum der Konstitution sittlichen Lebens und seiner Ausdrucksweisen in Familie, bürgerlicher Gesellschaft und Staat verortet, löst sie es aus dem Einflussbereich einer *prima philosophia*, die mit der Aufgabe ihrer eigenen wissenschaftlichen Fundierung beschäftigt ist. Dies war hingegen die hauptsächliche Sorge der transzenden-

---

[37] Grundlinien der Philosophie des Rechts, § 142: TWA 7, 292.
[38] Grundlinien der Philosophie des Rechts, § 156: TWA 7, 305.

talen Untersuchung von Fichtes *Wissenschaftslehre*. In vergleichbarer Weise ist es auch die Sorge Husserls in seiner transzendentalen Phänomenologie.[39] Aus einer allgemeinen transzendentalen Perspektive heraus lässt sich einwenden, dass Hegels Dialektik den Begriff der Intersubjektivität *beiseiteschiebt*. Vielleicht ist dies auch einer der Gründe, die Theunissens These von Hegels »verdrängter Intersubjektivität« motiviert haben. Doch eher als verdrängt wird Intersubjektivität bei Hegel begrenzt; sie ist eingebunden in den Bereich des sittlichen Lebens und damit letztlich (und das ruft Theunissens große Unzufriedenheit hervor) in den Staat.

Oben habe ich erwähnt, dass § 57 der *Krisis* Fichtes und Hegels »mythische« und metaphysische Versuche, den solipsistischen Standpunkt des transzendentalen Ichs hinter sich zu lassen, auf dieselbe Stufe stellt. Für Husserl steht hier das Problem einer phänomenologischen Fundierung von Intersubjektivität auf dem Spiel. Husserls Verständnis der Geschichte der Transzendentalphilosophie zufolge hat Kant mit seiner strengen Trennung von Psychologie und Transzendentalphilosophie (einer Trennung, die zu bewahren, aber auch zu korrigieren ist)[40] den entscheidenden phänomenologischen Aspekt von Lockes Empirismus verfehlt. Demgegenüber sei es Fichtes Verdienst gewesen, zwischen empirischem und transzendentalen Ich unterschieden zu haben – obwohl dies genau der Punkt sei, an dem man auf das große Problem des Solipsismus stoße und das transzendentale Ich zu einem leeren metaphysischen Postulat reduziert werde. In Husserls Sicht besteht der Fehler der gesamten nachkantischen idealistischen Tradition letztlich darin, den Kontakt mit dem Bereich der menschlichen Erfahrung verloren und empirische oder deskriptive Psychologie als den einzig möglichen Ausweg aus dieser misslichen Lage angenommen zu haben. Die Aufgabe der Phänomenologie besteht nun genau darin, eine nicht-empirische Beziehung zur Erfahrung zurückzugewinnen, d. h. jenen einen Zu-

---

[39] Vgl. die Analyse bei Marek J. Siemek, Fichtes und Husserls Konzept der Transzendentalphilosophie, in: Wolfgang Hogrebe (Hg.), Fichtes Wissenschaftslehre 1794. Philosophische Resonanzen, Frankfurt am Main 1995, 96–113.

[40] Vgl. Denis Fisette, Husserl et Fichte: Remarques sur l'apport de l'idéalisme dans le développement de la phénoménologie, in: Symposium 3 (1999), 185–207.

gang zur Erfahrung zu finden, der sie selbst überhaupt erst möglich macht. Insofern verortet Husserl seine eigene Phänomenologie (mit ihrer Vorgehensweise der Reduktion und ihrem Verständnis von konstitutiver Intentionalität) direkt innerhalb des transzendentalen Projekts. Wir sollten nun fragen: Wie führt uns Husserls transzendentale Phänomenologie aus der Sackgasse der fichteschen Position hinaus? Und was trägt eine Phänomenologie dieser Art zum Problem der Intersubjektivität bei?

Am Ende des 19. und zu Beginn des 20. Jahrhunderts kreist die philosophische Debatte ebenso sehr um die Themen Individualität und Subjektivität wie um die Themen Gemeinschaft und Intersubjektivität. Im Rückgriff auf den Historismus der hegelianischen Tradition bietet Dilthey eine andere Perspektive auf diese Frage an als Husserl – eine nicht-transzendentale, realistisch-empiristische Sichtweise, von der sich Husserl bei verschiedenen Anlässen kritisch abgrenzen wird. Was mich an dieser Auseinandersetzung interessiert, ist genau der Gegensatz von Historismus und Transzendentalismus. Das »Geheimnis der Welt«, so sagt es Dilthey 1870, »ist Individualität, unzerlegbar und unauflösbar. Diese erstreckt sich auch in die Geschichte«[41]. Während Dilthey die Möglichkeit einer dialektischen Vermittlung von Individualität und Gemeinschaft ablehnt, ist es sein Ziel, die geschichtlichen Wissenschaften in der Psychologie des subjektiven »Erlebnisses« zu gründen. Husserls Kritik an Diltheys Psychologie verrät seine davon abweichende Konzeption des Wesens und der Grundlage von Intersubjektivität. Sein Hauptanliegen besteht darin, den Psychologismus sowohl in der Logik als auch in der Bewusstseinstheorie zu bekämpfen. Eine nicht-psychologische, transzendentale Untersuchung des Bewusstseins wird zum *locus* der Grundlegung der Psychologie als »strenger Wissenschaft«. Während Husserl zwar Diltheys psychologistischem Zugang zu der Fragestellung widerspricht, stimmt er allerdings darin mit ihm überein, eine abstrakte Sichtweise auf das fundierende Subjekt zurückzuweisen. Das Konzept der Intersubjektivität wird nun mit folgenden unterschiedlichen Aufgaben versehen: Gegen

---

[41] Wilhelm Dilthey, Die Wissenschaften vom Menschen, der Gesellschaft und der Geschichte. Vorarbeiten zur Einleitung in die Geisteswissenschaften 1865–1880, hg. von H. Johach, F. Rodi, Göttingen 1997 (= Gesammelte Schriften, Bd. XVIII), 197.

die Abstraktion der idealistischen Metaphysik soll eine Bedeutung von Subjektivität zurückgewonnen werden, die der Erfahrung nicht fern ist; dabei ist jedoch der psychologistische Weg zu vermeiden; schließlich ist es nötig, gegen den zeitgenössischen Irrationalismus und Skeptizismus den Grund für eine Fundierung der Philosophie als »strenger Wissenschaft« zu bereiten.

Nachdem Dilthey einmal das »Erlebnis« als die Basis der geschichtlichen Wissenschaften angesetzt hat, beschäftigt ihn fortan das Problem – da ist es wieder – des Übergangs von der atomistischen Individualität des Erlebnisses hin zum intersubjektiven, gemeinschaftlichen Kontext der Geschichte. Wie kann die Welt geschichtlicher zwischenmenschlicher Beziehungen eine *objektive* Wirklichkeit darstellen, wo sie doch auf exklusive Weise aus dem individuellen, subjektiven Erlebnis des erfahrenden Bewusstseins gewonnen sein soll? Im Zusammenhang mit dem, was ich bisher in diesem Beitrag verfolgt habe, ist es von Bedeutung, dass Dilthey in seinen späten Jahren (in den *Studien zur Grundlegung der Geisteswissenschaften*) unter Berücksichtigung der Kritik Husserls die Antwort auf dieses zentrale Problem ausgerechnet bei Hegel und insbesondere in dessen Theorie des objektiven Geistes suchen wird. Objektiver Geist wird nun verstanden als Gegengewicht zu den subjektivistischen Tendenzen der im »Erlebnis« erschlossenen unmittelbaren Erfahrung des Lebens. Vor diesem Hintergrund revidiert Dilthey seine Position bezüglich der Fundierung der Geschichte im subjektiven Erlebnis. In der Nachfolge Hegels besteht die Behauptung nun darin, dass das Wesen der Geschichte die »Objektivierung« des Geistes einer Gemeinschaft sei. Die ursprüngliche Einheit des Erlebnisses wird nun betrachtet als in der geschichtlichen Wirklichkeit *verobjektiviert*.

In seiner *Phänomenologischen Psychologie* von 1925 kritisiert Husserl Diltheys Konzept geschichtlicher und gesellschaftlicher Intersubjektivität dafür, nicht phänomenologisch zu sein. Diltheys Historismus ist für Husserl im Endeffekt unfähig, eine »rein geistige[] Gemeinschaft mit einem rein geistig verbundenen Gemeinschaftsleben«[42] zu verbürgen. In Opposition zu Diltheys psycho-

---

[42] Phänomenologische Psychologie. Vorlesungen Sommersemester 1925: HUA IX, 357.

logisierender Sicht der Geschichte entdeckt Husserl seine Aufgabe darin, die gleichbleibenden transzendentalen Strukturen von Intersubjektivität aufzuspüren, dabei ihre transzendentale Reinheit vor der empirischen Bedingtheit geschichtlicher Beziehungen zu bewahren und sich auf diese Weise das unerschütterliche Fundament der Wissenschaft zu erarbeiten. Intersubjektivität auf transzendentaler Basis (oder anders gesagt: die Erweiterung des Transzendentalen zur Intersubjektivität) dient Husserl also sowohl dazu, Diltheys Psychologismus zu vermeiden, als auch dazu, von der solipsistischen Abstraktion des transzendentalen Subjekts bei Fichte sicheren Abstand zu halten.

In Husserls Forderung einer *reinen* geistigen Gemeinschaft und in der idealisierenden, reinigenden Funktion der phänomenologischen Reduktion stoßen wir jedoch auf die erste spezifische Schwierigkeit seiner phänomenologischen Erklärung von Intersubjektivität. Wie Fichte richtig gesehen hat, gehört das Problem der Intersubjektivität in transzendentaler Perspektive zum materialen Teil der Transzendentalphilosophie.[43] Auf welche Weise kann dann aber Intersubjektivität in den Horizont einer *reinen* Phänomenologie eingeführt werden? Verlangt dies einen Schnitt oder zumindest eine Differenzierung im Konzept der Intersubjektivität selbst? Wie kann die Reinheit des phänomenologischen Zugangs den Vorwurf des sozialen Defizits abwehren, wie er von Hegel erhoben wurde und aus anderer Richtung durch die realistische Forderung seitens der Geschichtswissenschaft Diltheys?

Laut Buch II der *Ideen zu einer reinen Phänomenologie und phänomenologischen Philosophie* muss die Konstitution der intersubjektiven Welt (das Korrelat auf »Einfühlung« beruhender intersubjektiver Erfahrung) einer propädeutischen phänomenologischen Reduktion unterworfen werden, durch die sie von aller Transzendenz gereinigt wird. Darüber hinaus stellt Husserl, in einer Weise, die an Fichtes Begriffe der »Wechselwirkung« und »Aufforderung« erinnert, die Wechselseitigkeit der Konstitution des Ichs als fundamental intersubjektiv dar. Bezeichnenderweise ist die Erfahrung der

---

[43] Offensichtlich bedeutet es nicht, Intersubjektivität zu einem empirischen Problem zu machen, wenn man sagt, sie falle in den »materialen« Teil der Transzendentalphilosophie.

Intersubjektivität für Husserl jedoch durch die gemeinschaftliche Welt vermittelt, in der die Erfahrung meiner selbst als eines intersubjektiven Wesens und die Erfahrung des Anderen in Beziehung zu mir stattfinden und in Wechselwirkung miteinander stehen. Zwei Fragen muss sich die phänomenologische Erläuterung von Intersubjektivität an dieser Stelle vergegenwärtigen. Auf einer ersten Ebene steht das Verständnis des Anderen als einer Person bzw. die einseitige Intentionalität des Ichs gegenüber dem Anderen zur Debatte. Zum zweiten muss meine persönliche Welt als intersubjektiv in dem zusätzlichen Sinne von »gesellschaftlich« verstanden werden. Diese beiden miteinander verbundenen Fragen reproduzieren offensichtlich die beiden Probleme, die zuvor von Fichte und Hegel angegangen wurden:

> »Die Sozialität konstituiert sich durch die spezifisch sozialen, kommunikativen Akte, Akte in denen sich das Ich an Andere wendet, und dem Ich diese Anderen auch bewußt sind als die, an welche es sich wendet, und welche ferner diese Wendung verstehen, sich ev. in ihrem Verhalten danach richten [...]. Diese Akte sind es, die zwischen Personen, die schon voneinander ›wissen‹, eine höhere Bewußtseinseinheit herstellen«[44].

Die Theorie der Intersubjektivität, die Husserl in den *Ideen* vorträgt, ist durch eine unversöhnte Dichotomie gekennzeichnet. Die ursprüngliche, vor-kommunikative und »bloß subjektive Sphäre des Einzelsubjektes« bleibt getrennt von der »Außenwelt des Gemeingeistes«, in der intersubjektive Kommunikation stattfindet. Die ursprüngliche Konstitution basiert auf der Unterscheidung zwischen einer »vorsozialen Subjektivität«, die noch unberührt von jeder »Einfühlung« ist (d. h. von der transzendentalen Funktion aller Fremderfahrung), und der »sozialen Subjektivität« der gemeinschaftlichen Welt. Intersubjektivität – selbst die intersubjektive Form meiner eigenen Realität – kann niemals »direkt« erfahren werden, ich habe keinen unmittelbaren Zugang zu ihr, sondern es bedarf stets der Vermittlung durch »Einfühlung«.[45] Fichtes Trennung des absoluten vom empirischen Ich scheint an diesem Punkt

---

[44] Ideen zu einer reinen Phänomenologie und phänomenologischen Philosophie, Buch II: HUA IV, 194.

[45] Die Zitate in diesem Abschnitt sind entnommen aus HUA IV, 198–200.

von Husserls Analyse wieder aufzutauchen. Obwohl Intersubjektivität zurück in den intentionalen Horizont des Bewusstseins gebracht worden ist, bleibt sie immer noch etwas Transzendentes im Verhältnis zur konstitutiven ursprünglichen Subjektivität. Wie Masullo bemerkt hat, überwindet Husserl nicht die Position des »subjektiven Idealismus, weil die ›Welt des Geistes‹, namentlich die durch Intersubjektivität charakterisierte Objektivität [...], paradoxerweise als vom Bewusstsein gesetzte und an dessen Singularität zurückgebundene Transzendenz konstituiert ist«[46]. Trotz aller ihrer Bemühungen scheint die Phänomenologie nicht substantiell über Fichtes transzendentale Position und Hegels Kritik daran hinauszugelangen. Dennoch zeigt die Trennung von prä-sozialer, monadischer und begründender Subjektivität sowie ihrer beabsichtigten intersubjektiven Verobjektivierung Husserls Versuch an, Fichtes Problem des Solipsismus hinter sich zu lassen. Dem in *Formale und transzendentale Logik* dargelegten ursprünglichen Programm zufolge sollte Intersubjektivität vollständig innerhalb des Horizonts einer reinen transzendentalen Phänomenologie absorbiert werden. In diesem Zuschnitt taucht jedoch das Problem des Übergangs vom Ich, das sich seiner selbst als »logisches« Ich bewusst ist, hin zur Welt schon wieder auf. Eine solche Welt ist nicht nur eine Welt der Dinge, sondern ebenso »unser aller Welt«[47] – eine intersubjektive Welt von Personen.

Um diese Entwicklungen in einem ersten Fazit zusammenzufassen: Die Alternative, der sich Husserls transzendentale Phänomenologie gegenübersieht, scheint darin zu bestehen, sich entweder an eine rigorose phänomenologische Grundlegung von Intersubjektivität in der sie konstituierenden Subjektivität zu halten – in diesem Fall kommen Fichtes Problem des Solipsismus und die Probleme, die mit der Kluft zwischen dem absoluten und dem empirischen Ich verbunden sind, wieder zum Vorschein –; oder zu unterscheiden zwischen einer prä-sozialen Subjektivität und der gesellschaftlichen Subjektivität der gemeinschaftlichen Welt – in diesem Fall wird man

[46] Aldo Masullo, Lezioni sull'intersoggettività. Fichte e Husserl, Napoli masch. 1963, 113.

[47] Formale und transzendentale Logik. Versuch einer Kritik der logischen Vernunft: HUA XVII, 243. Vgl. auch die folgende Seite, auf der Husserl die »Gespenster des Solipsismus« erwähnt.

mit Hegels Kritik an dem gesellschaftlichen Defizit dieses Typs von Intersubjektivität konfrontiert werden.

In den *Cartesianischen Meditationen* wird das Problem der Konstitution von Intersubjektivität auf dem Wege einer radikalen Reduktion auf die Basis der »primordialen Sphäre« meines transzendentalen Ego gelöst, welche bereits in der *Formalen und transzendentalen Logik* thematisiert worden war. Phänomenologische Reduktion eliminiert all das, was nicht zu dieser primordialen Sphäre gehört – die Welt wird reduziert auf »meine« Welt. Es wird eine Beziehung hergestellt zwischen der »*primordiale[n]* Transzendenz«, die eine »immanente« in dem Sinne ist, dass ihre Existenz nicht von der konstitutiven Tätigkeit anderer abhängt, und der »objektiven Transzendenz«, innerhalb derer andere und unterschiedliche Transzendenzen anerkannt werden.[48] Das Problem, das an dieser Stelle auftaucht, wird von Husserl mit der folgenden entscheidenden Frage angesprochen: »Wie kann für mich wirklich Seiendes und als das nicht nur irgendwie Vermeintes, sondern in mir sich einstimmig Bewährendes anderes sein als sozusagen Schnittpunkt meiner konstitutiven Synthesis?«[49] Sind Andere erst einmal in den Horizont der konstitutiven Intentionalität gebracht, dann gibt es keinen Schritt mehr zurück, und das Problem der *Realität* jener Anderen drängt sich auf. Die oder der Andere ist keine bloße Vorstellung in mir; sie oder er sind »sinngemäß eben Andere«[50]. Husserl sieht durchaus ein, dass der »Schein eines Solipsismus«[51] die phänomenologischen Untersuchungen aufs Neue bedroht.[52] Bezüglich dieses Punktes ist Husserls fichteanisch-phänomenologische Konstitution der »objektiven Welt« in der Tat die radikale Alternative zu Diltheys hegelianisch-historistischem Weg des objektiven Geistes.

---

[48] Vgl. Cartesianische Meditationen und Pariser Vorträge, Meditation V, §§ 47–48; die Zitate in diesem Satz sind allesamt aus § 48: HUA I, 136.

[49] Cartesianische Meditationen, § 48: HUA I, 135.

[50] Cartesianische Meditationen, § 42: HUA I, 121.

[51] Cartesianische Meditationen, § 62, HUA I, 176.

[52] Vgl. dazu bereits die Exposition des Ausgangsproblems in § 42: HUA I, 121 f.

5. Fazit

Husserl hat mit seiner Phänomenologie die transzendentale Untersuchung des Begriffs der Intersubjektivität zu ihren äußersten Konsequenzen geführt. Meines Erachtens erfährt in dieser Perspektive keines der Probleme, die Fichte erstmals aufgeworfen hatte, eine endgültige Lösung. Der alternative Weg, den Hegel mit seiner dialektischen Untersuchung des objektiven Geistes verfolgt hatte und der in Husserls Zeit durch Diltheys historistischen Realismus wieder eingeschlagen worden war, bleibt die andere gangbare Route für ein Verständnis der gesellschaftlichen und geschichtlichen Wirklichkeit von Intersubjektivität. Im Hinblick auf diese Fragestellung haben allerdings Fichtes Transzendentalphilosophie und Husserls transzendentale Phänomenologie ein weitaus ehrgeizigeres Ziel vor Augen. Im transzendentalen Zuschnitt wird Intersubjektivität direkt in den Mittelpunkt einer Grundlegung der Philosophie als strenger Wissenschaft versetzt. Die Herausforderung, vor die der Begriff der Intersubjektivität stellt, ist die folgende: Intersubjektivität beansprucht, über eine rein logische und epistemologische Grundlegung der Philosophie hinauszugehen und so der Dimension der mannigfaltigen zwischenmenschlichen Wirklichkeit in ihrer wachsenden kulturellen, gesellschaftlichen und geschichtlichen Komplexität gerecht zu werden. Husserls später Begriff der »Lebenswelt«, der die endgültige Transformation seines Begriffs der Intersubjektivität belegt, könnte der Ort sein, an dem eine Konvergenz zwischen den beiden in diesem Aufsatz verfolgten Traditionen zum Vorschein kommt.

Aus dem Englischen übersetzt von Thomas Hanke

Thomas Hanke

»Subjektivität« bei Hegel
Ein Panorama und ein Vorschlag

Wie auch immer man zu Hegels Philosophie stehen mag – dass sie reichhaltig zumindest in dem Sinne ist, dass sie eine Unmenge von Themen und Perspektiven bearbeitet und präsentiert, das wird wohl niemand bestreiten wollen. Eines der Themen, die Hegel ausführlich bearbeitet und präsentiert, ist das Thema der »Subjektivität«. Die Stichworte »Subjekt«, »subjektiv«, »Subjektivität« tauchen sehr häufig und in verschiedenen Kontexten auf, sie durchziehen Hegels Werk von den frühen Fragmenten bis zu den Publikationen und Vorlesungen seines Systems, das er über Jahrzehnte entwickelt und entfaltet. Nimmt man Begriffe wie »selbstbewusst« und »Selbstbewusstsein« oder auch »Ich« hinzu, die umgangssprachlich alle zum Wortfeld der »Subjektivität« gehören, ist der Befund noch umfangreicher. Was aber bedeuten diese Begriffe? Da sie, obwohl gleichlautend, in verschiedenen Kontexten zum Einsatz kommen, könnte durchaus die Möglichkeit bestehen, dass sie verschiedene Bedeutungen annehmen bzw. unterschiedliche Aspekte ausprägen. Und unter diesen könnten wiederum solche sein, die im Kontrast zu sonst üblichen Verwendungsweisen stehen.

Der vorliegende Artikel ist so angelegt, dass zunächst ein Panorama mehrerer Hegel-Lesarten, die als paradigmatisch bezeichnet werden können, ausgebreitet wird. Dabei werden verschiedene Instanzen von Subjektivität zutage treten, unter ihnen auch einige in Gestalt von Intersubjektivität. Im zweiten Teil des Artikels möchte ich dafür argumentieren, dass der Begriff des Subjekts, den Hegel in der *Wissenschaft der Logik* generiert, das Potential enthält, die verschiedenen Instanzen zusammenzuhalten, ohne jedoch der Realphilosophie ihre Arbeit abnehmen zu können oder zu wollen.

1. Ein Panorama

1.1 *Unterschiedliche Bewertungen derselben Sache:*
Honneth und Frank über Hegels Theorie der Anerkennung

Axel Honneth zeigt in seinem Beitrag zu diesem Band, wie Hegel aus den beiden Quellen der mehrschichtigen Liebestheorie Rousseaus sowie Fichtes Freilegung von wechselseitiger Aufforderung und Anerkennung als Voraussetzung für die Selbstwerdung empirischer Subjekte seine eigene Theorie der Anerkennung geformt hat. Im Prozess dieser Aneignung sei Hegel klargeworden, dass er »der freiheitsverbürgenden Rolle der Anerkennung eine weitaus stärkere Wendung ins Gesellschaftstheoretische zu geben«[1] habe, so dass er schließlich nicht nur ihre konstitutive Rolle für das Verständnis von Selbstbewusstsein, sondern auch ihr Potential für die Analyse von Konflikten und zur Aufdeckung von Pathologien wahrgenommen und zum Einsatz gebracht habe.[2] Während Honneth in früheren Publikationen die entscheidenden Weichenstellungen in Hegels unveröffentlichten Texten aus der Jenaer Zeit entdeckt hatte,[3] ist er mittlerweile zu der Auffassung gelangt, dass eher die *Phänomenologie des Geistes* und die spätere *Rechtsphilosophie* als systematische Grundlage für besagte Theorie herangezogen werden sollten.[4] Nach wie vor ist es aber zweifelsohne das genannte Potential für eine kritische Theorie der Gesellschaft, die den eigentlichen Skopus seiner Auseinandersetzung mit Hegel ausmachen (auch wenn es selbstverständlich nicht allein Hegel ist, der das nötige Instrumentarium dafür an die Hand gibt).

Die Perspektive, aus der Manfred Frank auf Hegel blickt, ist eine gänzlich andere. Für ihn ist Hegel nicht jemand, den man zum Verbündeten für die eigene Philosophie erwählen sollte, sondern im

---

[1] Honneth in diesem Band, 19.

[2] Vgl. Honneth in diesem Band, 27 f.

[3] Vgl. Axel Honneth, Kampf um Anerkennung. Zur moralischen Grammatik sozialer Konflikte, Frankfurt am Main 1992, 11 f., 20–105.

[4] Im Text in diesem Band ist das bereits vorausgesetzt. Vgl. dazu die Bemerkungen im Vorwort von Axel Honneth, Das Ich im Wir. Studien zur Anerkennungstheorie, Berlin 2010, 7 f., sowie die beiden dort folgenden Aufsätze zum Selbstbewusstsein-Kapitel der *Phänomenologie* und zu den *Grundlinien*, 15–48.

Gegenteil der Prototyp des Antipoden. Diese Rolle erfüllt Hegel gleich mehrfach. Zum einen sieht Frank in ihm denjenigen, der wie kein zweiter für den – im Endeffekt katastrophalen – Mythos von der Selbstermächtigung des neuzeitlichen Subjekts verantwortlich zeichne. Diese Position nennt Frank auch »idealistisch«: die »Überzeugung, Bewusstsein sei ein selbstgenügsames Phänomen, das auch noch die Voraussetzungen seines Bestandes aus eigenen Mitteln sich verständlich zu machen vermöge«[5]. Zum anderen sei Hegel zusammen mit George Herbert Mead der »Paradigmenstifter« des »apriorischen Intersubjektivismus«[6], also der Position, die das Aufkommen von Selbstbewusstsein von der Verflechtung in intersubjektive Bezüge abhängig mache. Subjekte würden dort durch Anerkennung allererst produziert. Damit werde das Ich aber nicht nur dem Wir untergeordnet, sondern sogar in die verobjektivierende Dritte-Person-Perspektive abgedrängt.[7] Frank hat andernorts zwar zugegeben, dass er dazu neige, die Position des »Idealismus« und speziell diejenige Hegels zu überzeichnen. Dies geschieht aber erklärtermaßen aus strategischen Gründen, um den eigentlichen systematischen Punkt umso klarer zu machen: Mit Hegel werde das Subjekt sowohl in seiner irreduziblen Unverfügbarkeit als auch in seiner Endlichkeit auf erschreckende Weise verfehlt.[8]

Wir haben also den interessanten Fall vor uns, dass Honneth und Frank bei Hegel im Wesentlichen dieselbe Position entdecken, nämlich den Primat der Intersubjektivität bzw. wechselseitiger Anerkennung, diese Position aber gegensätzlich bewerten, einmal als aussichtsreich, das andere Mal als Weg in den Abgrund. Nicht minder interessant ist, dass dies nicht nur mit Blick auf Hegel, sondern auch auf Fichte und Sartre geschieht. Honneth profiliert Hegel in

[5] Frank in diesem Band, 104.

[6] Frank in diesem Band, 112.

[7] Vgl. Frank in diesem Band, 114. Ausführlicher sind die Argumente gegen den »apriorischen Intersubjektivismus« dargelegt in Manfred Frank, Ansichten der Subjektivität, Berlin 2012, 261–323.

[8] Manfred Frank, Auswege aus dem Deutschen Idealismus, Frankfurt am Main 2007, 26 spricht beispielsweise von »Parteilichkeit« für Kant und die Frühromantik und damit gegen Hegels »Idealismus«. Zur strategischen Selbstverortung vgl. auch den lesenswerten wie vielsagenden Abschnitt »Statt eines Vorworts« in Manfred Frank, Der unendliche Mangel an Sein. Schellings Hegelkritik und die Anfänge der Marxschen Dialektik, München ²1992, 9–92.

der Weiterführung von Einsichten Fichtes zur Interaktion zwischen Subjekten[9] – während Frank auf Fichte als jemanden verweist, der zwar eine Theorie der Anerkennung vertreten habe, sich anders als Hegel aber nicht in den intersubjektiven Zirkel verstricke, weil er sie zugleich präreflexiv abgesichert habe.[10] Beide beziehen sich dabei auf den zweiten Lehrsatz in Fichtes *Grundlage des Naturrechts*. Sartre wiederum bietet für Honneth eine »bestechende Analyse der Vorgängigkeit der intersubjektiven Anerkennung«[11] (deren Problem freilich darin bestehe, dass sie von ihrer Anlage her nicht von der negativistischen Einschätzung des verdinglichenden Blicks des Anderen abzulösen sei) – während Sartre für Frank derjenige ist, der wie kein Zweiter im 20. Jahrhundert sowohl gegen den »Idealismus« den Vorrang des Seins vor dem Bewusstsein, der Existenz vor der Essenz, und damit die Kontingenz von Selbstbewusstsein betont habe als auch gegen den »apriorischen Intersubjektivismus« die Irreduzibilität dieses Selbstbewusstseins.[12]

Diese unterschiedliche Bewertung von Autoren wie Fichte, Hegel und Sartre – bzw. der Streit in der Sache um Subjektivität und Intersubjektivität – stand am Anfang der Genese dieses Sammelbandes und bringt nun die Überlegungen, die ich im Folgenden anstellen möchte, in Gang.[13] Wenn es mit Blick auf dieselben Autoren – ja sogar auf dieselben Texte dieser Autoren – zu so entgegengesetzten Einschätzungen kommen kann, dann drängt sich die Vermutung auf, dass die Option für den eigenen systematischen Standpunkt und die Strategien, sich für ihn einzusetzen, einen nicht unwichtigen Einfluss auf die Lektüre nehmen. Davon werde ich selbstverständlich meine eigene Lesart nicht ausnehmen können. Bevor ich allerdings zu ihr gelange, möchte ich die Ausgangslage noch etwas verkomplizieren.

[9] Vgl. den Text in diesem Band sowie Axel Honneth, Unsichtbarkeit. Stationen einer Theorie der Intersubjektivität, Frankfurt am Main 2003, 28–48.

[10] Vgl. Frank, Ansichten der Subjektivität, 305 f.

[11] Honneth, Unsichtbarkeit, 105.

[12] Vgl. Frank in diesem Band, 100, 115 f. oder ausführlicher zu Sartre z. B. Frank, Ansichten der Subjektivität, 227–260.

[13] Wobei ich mich auf die Diskussion Hegels konzentriere. Zum Verhältnis Hegel-Fichte vgl. in diesem Band auch den Beitrag von Angelica Nuzzo und zum Verhältnis Fichte-Sartre den Beitrag von Tobias Rosefeldt.

Der Schlüsseltext für die Lesart, Hegel als Urheber des Paradigmas
der Intersubjektivität zu betrachten, ist die erste Hälfte des Selbstbewusstsein-Kapitels in der *Phänomenologie des Geistes*.[14] Hegel behauptet dort, dass ein »Selbstbewußtseyn […] seine Befriedi-
gung nur in einem andern Selbstbewußtseyn« (GW 9, 108)[15]
erreiche, dort führt er eine Definition seines Begriffs des Geistes
ein – »Ich, das Wir, und Wir, das Ich ist« (ebd.) und erläutert die
»Bewegung des Anerkennens« (109) schließlich anhand des Auf-
einandertreffens von Herr und Knecht. Die intersubjektivitätsthe-
oretische Interpretation dieses Textes hat eine lange Tradition und
dürfte nach wie vor die Mehrheit derer, die ihn lesen, hinter sich
haben.[16] Es ist zuletzt aber auch prominenter Einspruch gegen sie
erhoben worden: Pirmin Stekeler vertritt die Position, dass der intersubjektiven eine *intrasubjektive* Lesart beigesellt und sogar vor-
geordnet werden solle.[17] Stekeler erblickt die bahnbrechende Leis-
tung Hegels an dieser Stelle gerade nicht darin, vom Individuum
weg und auf dessen intersubjektiv-soziale Einbettung hinzuführen.
Vielmehr liege sie in der Charakterisierung und Verteidigung der
geistig-körperlichen Integrität dieses Individuums. Stekeler macht
das zunächst an Hegels Ausführungen zu den Begriffen »Begierde«
und »Leben« als notwendigen Ingredienzien von »Selbstbewusstsein« fest, mit denen biologische, körperliche Vollzüge in den Mit-

[14] So z.B. bei Frank: »Archetypisch steht Hegels Kapitel über Herr und
Knecht an der Wiege solcher intersubjektivistischen Relativierungen von Subjektivität« (Frank, Ansichten der Subjektivität, 301).

[15] Unter Angabe der Sigle GW sowie von Band und Seitenzahl zitiere ich
in diesem Beitrag nach Georg Wilhelm Friedrich Hegel, Gesammelte Werke,
hg. von der Rheinisch-Westfälischen Akademie der Wissenschaften, Hamburg
1968 ff.

[16] Gerade in Studien aus dem angelsächsischen Raum wie bei Pippin, Pinkard und Brandom erfreut sich eine dezidiert intersubjektive Lesart großer
Aktualität. Für einen Überblick über diverse Lesarten in der Tradition der
Hegel-Auslegung vgl. Karen Gloy, Bemerkungen zum Kapitel »Herrschaft
und Knechtschaft« in Hegels Phänomenologie des Geistes, in: ZphF 39 (1985),
187–213.

[17] Vgl. Pirmin Stekeler, Hegels Phänomenologie des Geistes. Ein dialogischer Kommentar, Band 1: Gewissheit und Vernunft, Hamburg 2014, 633–719.

telpunkt des Interesses rücken, die auf Selbsterhaltung zielen. Die »Bewegung des Anerkennens« wird in diesem Zuschnitt zu einem Prozess des Ausbaus und der Verteidigung des eigenen Status als in dieser Welt lebender Person. Wer will ich in dieser Welt sein? Welche Überzeugungen und Verpflichtungen erkenne ich als die meinigen an? Hier sind also nicht zwei voneinander verschiedene Personen in der Verhandlung miteinander, sondern es ist die eine Person, die mit sich selbst verhandelt, sich selbst auf Konsistenz hin überprüft: »Die ›gegenseitige‹ Anerkennung, von der hier die Rede ist, ist *nicht* die Anerkennung einer Person durch eine andere Person. Es ist die Anerkennung bzw. Anerkennbarkeit der Wahrheit einer Selbstaussage bzw. der Erfüllung einer Absicht als Form der Selbstbestimmung«[18]. Auch das Aufeinandertreffen von »Herr« und »Knecht« wird von Stekeler in dieser Perspektive interpretiert und auf die Leib-Seele-Problematik zugespitzt.[19] In einer klassischen Sichtweise befinde ich mich als geistiges Wesen in der Welt und verfüge über mich und die Dinge in freien Entscheidungen, die ich auf rein mentaler Ebene treffe: der »Herr«. Der Körper ist in dieser Sichtweise das fremde Andere, über das verfügt wird: der »Knecht«. Doch das vermeintliche Unterwerfen des Leibes unter die Seele entpuppt sich als verfrühte und unreife Konzeption des Selbst, weil alle Wünsche und Absichten nur im und durch den Leib realisiert werden können. Diese Vorstellung muss also ersetzt werden durch ein Verständnis des Menschen, in dem die Dichotomie von Seele und Leib aufgelöst ist und sinnvollerweise nur noch von einer ganzen, lebendigen Person mit ihrem Leben in der Welt gesprochen werden kann. Stekeler sieht diesen intrasubjektiven Zugang explizit gegen die »Frankfurter Interpretation«[20] Honneths gerichtet: Es gehe nicht um »Anerkennungen von außen«, sondern darum, »durch eigenes Tun und die Eigenkontrolle des Erfolgs unseres Tuns«[21] ein umfassendes Selbstverständnis als geistig-körperliches Wesen zu erarbeiten. Damit spricht Stekeler Hegel jedoch nicht automatisch die systematische Position zu, die Frank vertritt, bei Hegel freilich nicht finden wollte. Seine Konzeption beinhaltet ja ebenfalls eine massive

[18] Ebd., 676.
[19] Vgl. ebd., 680–682, 694–719.
[20] Ebd., 708.
[21] Ebd.

Kritik an Theorien, die Subjektivität aus ihrer einzigartigen Stellung gegenüber der Welt und damit auch gegenüber dem Körper verstehen wollen; Stekeler nennt hier insbesondere Dieter Henrich, »der sich an Fichte und den Romantikern orientiert«[22], aber er könnte ebenso bestimmte Punkte bei Frank anführen.[23]

Während also nach Honneth wie nach Frank *Subjektivität* bei Hegel wesentlich *Intersubjektivität* bedeutet – einmal zustimmend, einmal ablehnend bewertet –, liefert uns Stekeler ein markantes Beispiel für eine *intrasubjektive*, anthropologisch eingefärbte Variante. Darin besteht selbstverständlich nicht sein letztes Wort, denn Hegels *Phänomenologie* wie Stekelers Kommentar zu ihr enden ja nicht mit »Herrschaft und Knechtschaft«. Es wird noch eine gehörige Dosis Intersubjektivität hinzugegeben werden. Dies geschieht jedoch erst in der Folge, nicht in der Fundierung durch das Selbstbewusstsein-Kapitel.[24] Dem »apriorischen Intersubjektivismus« wird hier von Stekeler ein kräftiger Strich durch die Rechnung gemacht.

Dass es sich lohnen könnte, Hegel als Philosophen individueller Subjektivität zu lesen, ist auch von Birgit Sandkaulen starkgemacht worden. Zugleich hat sie betont, dass Hegels entsprechende Überlegungen eine Sprengkraft besäßen, die zum Risiko für den Zusammenhang seines gesamten philosophischen Systems werden könnte. Sandkaulen plädiert dafür, Hegels Philosophie des subjektiven Geistes und näherhin seine Anthropologie ernster zu nehmen, als es in der Forschung lange Zeit geschehen ist.[25] In seiner Lehre

---

[22] Ebd., 718.

[23] Wobei die Problematik der Dichotomie zwischen Subjekt und Körper bei Henrich in der Tat weitaus eklatanter ins Auge springt: vgl. das vierte Kapitel bei Dieter Henrich, Denken und Selbstsein. Vorlesungen über Subjektivität, Frankfurt am Main 2007, besonders 149–151, 181–187, 238–247.

[24] Entscheidend ist hier das Geist-Kapitel der *Phänomenologie*. Mit ihm »weitet sich der Fokus von der subjektiven Perspektive der Reflexion des Einzelnen auf sich selbst zur institutionellen Praxisformenanalyse und damit zur spekulativen und generischen Reflexionsform ›wir über uns‹« (Pirmin Stekeler, Hegels Phänomenologie des Geistes. Ein dialogischer Kommentar, Band 2: Geist und Religion, Hamburg 2014, 109).

[25] Vgl. Birgit Sandkaulen, »Die Seele ist der existierende Begriff«. Herausforderungen philosophischer Anthropologie, in: Hegel-Studien 45 (2010), 35–50.

von der »Seele«, die Hegel in seinen Vorlesungen vorgetragen und in der *Enzyklopädie* zusammengefasst hat, sei es ihm gelungen, die Geschichte einer kontinuierlichen Entwicklung, die weder dualistisch noch naturalistisch zu verkürzen sei, vom animalischen Fühlen zu einer spezifisch menschlichen Form des Selbstgefühls zu erzählen. Es gehe hier um die »Bestimmung menschlicher *Lebens-Welt* in ihren ursprünglichsten Manifestationen«[26], noch vor aller sprachlichen und gesellschaftlichen Einbettung, wie sie dann in der Philosophie des objektiven Geistes zum Thema werde. Sandkaulen erblickt drei Momente, die Hegel für die »*genuine Ausbildung unseres spezifisch menschlichen Selbstverhältnisses* geltend macht«[27] und die sie treffend wie folgt beschreibt:

- »Um die *Ausbildung* eines solchen Selbstverhältnisses handelt es sich, weil es ein leiblich spürbarer Prozeß zunehmender Individualisierung ist, den Hegel ganz plastisch darstellt«[28].

- »Um den Gewinn eines *Selbstverhältnisses* handelt es sich, weil die Zentriertheit schon des tierischen Organismus als *Selbstbezüglichkeit des Fürsichseins* in diesem Prozeß ausdrücklich freigelegt und im ›Selbstgefühl‹ der Seele schließlich auch eigens wahrgenommen wird«[29].

- »Und bei allem handelt es sich um die *genuine* Ausbildung solchen Fürsichseins, weil es hier (noch) nicht um die Unterscheidung des Selbst von Anderem und seine Beziehung zu Anderem, sondern darum geht, *daß sich das Selbst zueignet, was es selber ist.* Die Differenz, die jedem Selbst-Verhältnis in seiner Einheit eingeschrieben ist, tritt somit hier als eine innerliche und innerlich auszuarbeitende Differenz auf«[30].

Subjektivität im Sinne von Hegels Anthropologie bedeutet also eine individuelle, unvertretbare, leibhafte Erschlossenheit des eigenen Lebens. Für Sandkaulen besteht darin eine besondere Stärke der Philosophie Hegels.

[26] Ebd., 41.
[27] Ebd., 42.
[28] Ebd.
[29] Ebd.
[30] Ebd.

Diese Stärke droht nun aber in Konflikt zu geraten mit Hegels weiteren Ausführungen zur Subjektivität in der Philosophie des objektiven Geistes und in der Logik, ja letztlich sprengt sie, so Sandkaulen, das System entzwei. In ihren Augen hat Hegel selbst den Konflikt angeheizt durch zwei gegenläufige Querverweise zwischen Logik und Realphilosophie.[31] Dies ist zum einen die Bemerkung in § 403 der *Enzyklopädie* von 1830, dass »die Seele [...] der existirende Begriff« sei, »die Existenz des Speculativen« (GW 20, 402), zum anderen diejenige in der Passage »Vom Begriff im allgemeinen« in der *Wissenschaft der Logik*, der zufolge der »Begriff [...] nichts anderes als Ich oder das reine Selbstbewußtseyn« sei bzw. das »Ich [...] der reine Begriff selbst, der als Begriff zum Daseyn gekommen ist« (GW 12, 17). Das eine Mal wird also die *Seele* mit dem Begriff identifiziert, das andere Mal das *Ich*. Seele und Ich aber werden von Hegel unterschiedlich charakterisiert, jene in der eben dargestellten Weise als Selbsterschlossenheit des Individuums, dieses, so Sandkaulen wiederum mit Verweis auf die Stelle in der *Logik*, als »Zusammenschluß des Ich als Allgemeinem mit dem Ich als je Einzelnen [...], mit der Folge, daß das individuelle Ich, sofern es sich diesem Zusammenschluß *absoluter Subjektivität* nicht fügt, als Partikularität schlechter Einzelheit aus dem ›normativen Reich des Geistes‹ ausgeschlossen wird«[32]. Diese zwei Behauptungen könnten jedoch nicht zusammen aufrechterhalten werden, die eine schließe die andere aus. Hegel habe sich, auch wenn er in Sachen Anthropologie die richtige Ahnung hatte, im Endeffekt – wenn man seine logische Grundlegung sowie die gesamte Entwicklung in seiner Realphilosophie als Maßstab anlegt – für die zweite Version entschieden. Sandkaulen votiert hingegen, der logischen Disqualifizierung des Individuellen und der Aufhebung des Gefühls im Denken[33] sowie dem »*Anerkennungs-Holismus*« der »je schon sozialphilosophisch gelesene[n] Geistphilosophie«[34] zum Trotz, zugunsten der Einsicht, dass »aller Geltung des normativen ›Reichs der Gründe‹ voraus Individuen im Modus konkreter Subjektivität sich selbst er-

---

[31] Vgl. ebd., 46.
[32] Ebd., 48.
[33] Vgl. ebd., 48 f.
[34] Ebd., 50.

schlossen sein müssen, um identifizierbare Adressaten intersubjektiver Erwartungen und Verpflichtungen zu sein«[35].

Als eine letzte paradigmatische Position im Rahmen dieses Beitrags möchte ich schließlich auf die Untersuchung zu *Hegels Subjektivitätsbegriff* von Petra Braitling eingehen.[36] Wie Sandkaulen sieht sie Hegels Betonung einer intersubjektiven Verhältnissen vorgelagerten Individualität im Rahmen seiner Philosophie des subjektiven Geistes – kritisiert dies freilich von der Gesamtanlage ihrer Studie her im Verbund mit ihrer Kritik an der subjektiven Logik.[37] In beiden Fällen sei eine Revision der hegelschen Philosophie nötig, die, so der Anspruch, Hegels eigentliches Anliegen noch stärker zur Geltung bringen soll.

Braitling ist der Überzeugung, dass die *logische* Struktur von Subjektivität als Grundlage für das Verständnis realphilosophischer Instanzen von Subjektivität einstehen muss.[38] Die logische Struktur von Subjektivität wiederum erläutert Hegel mittels des Begriffs des Begriffs. Braitling zitiert die Stelle, auf die auch Sandkaulen eingegangen ist, dass der Begriff »nichts anderes als Ich oder das reine Selbstbewußtseyn« sei.[39] Mit dem Begriff des Begriffs sei zu Beginn der subjektiven Logik die »spekulative Struktur erreicht, *wonach Selbstbezug nur unter der Voraussetzung des Fremdbezugs und dieser wiederum nur unter der Voraussetzung des Selbstbezugs möglich wird*«[40]. Darin sieht Braitling ein attraktives Modell, das aus den Aporien anderer Subjektivitätstheorien herausführen könne – dem Hegel in seiner *Logik* jedoch untreu werde. Denn im Anschluss an dieses spekulative Verständnis führe er eine zweite, nicht-spekulative Version des Subjekts ein, wenn er im Übergang von der

---

[35] Ebd. Sandkaulen wendet sich in ihrem Beitrag explizit gegen die Lesarten von Pippin, Pinkard und Brandom, man könnte hier natürlich auch Honneth nennen. Demgegenüber vermutet Sandkaulen eine Verwandtschaft ihrer Position mit derjenigen Stekelers.

[36] Vgl. Petra Braitling, Hegels Subjektivitätsbegriff. Eine Analyse unter Berücksichtigung intersubjektiver Aspekte, Würzburg 1991.

[37] Vgl. ebd., 87–89, 220 f.

[38] Vgl. ebd., 115–117.

[39] Vgl. ebd., 165.

[40] Ebd., 163 (Die Hervorhebung erfolgt im Original nicht kursiv, sondern durch Unterstreichung).

Begriffs- zur Urteilslehre Subjekt und Prädikat auseinandertreten lasse, die Integration des Fremdbezugs in das Subjekt wieder abstoße und sich mit einer »aristotelischen« Konzeption des Einzelnen begnüge.[41] Hegel, so der Vorwurf mit anderen Worten, falle mit diesem Schritt in den Gegensatz von Subjekt und Objekt, von Eigenem und Fremden zurück. Dadurch werde der ganze weitere Verlauf der subjektiven Logik kontaminiert, die ihre eigentliche Subjektivität verliere, sich monologisch verenge und in eine unkritische Restauration objektivistischer Metaphysik verwandle.[42] Damit scheitere in Sachen Subjektivitätstheorie schließlich auch der Übergang von der Logik in die Realphilosophie.[43]

Diese Diagnose bleibt allerdings nicht das letzte Wort über Hegel. Denn Braitling sieht die Chance, im Ausgang von der ersten, spekulativen Version des Begriffs – und mit dem intersubjektiven Anerkennungsgeschehen im Selbstbewusstsein-Kapitel der *Phänomenologie* vor Augen[44] – eine Reformulierung der subjektiven Logik zu leisten, die die Stärke von Hegels eigentlichem Entwurf zur vollen Entfaltung bringt. Zu diesem Zweck setzt sie dort an, wo sie bei Hegel den Bruch festgestellt hat: beim Urteil und seiner Trennung von Subjekt und Prädikat.[45] Braitling knüpft an zwei verschiedene Modelle an, die Hegel selbst zur Charakterisierung des Urteils heranzieht. Dies ist einerseits ein Inhärenzmodell, nach dem das Prädikat dem Subjekt zugesprochen wird und somit als etwas Unselbständiges erscheint, das dem Subjekt untergeordnet ist; und andererseits ein Subsumptionsmodell, demzufolge das Subjekt als Einzelnes unter die Allgemeinheit des Prädikats fällt, womit Letzteres als übergeordnet erscheint. Wir haben es also mit zwei einander entgegengesetzten asymmetrischen Verhältnissen zu tun. Zusammengenommen aber erweisen sie sich, so unterstreicht nun Braitling, als symmetrisch. Denn im Inhärenzmodell weiß das spekulativ verstandene Subjekt das fremde Prädikat in den Selbstbezug zu integrieren – und im Subsumptionsmodell ist es das Prädikat,

---

41 Vgl. ebd., 167–175.
42 Dies ist ein bereits aus den Arbeiten von Theunissen und Hösle vertrauter Vorwurf.
43 Vgl. Braitling, Hegels Subjektivitätsbegriff, 183 f.
44 Vgl. ebd., 188–195, 208, 211 f., 220.
45 Zum Folgenden vgl. ebd. 203–208.

welches das einzelne Subjekt in seine Allgemeinheit zu integrieren
weiß. Das Prädikat ist also nicht minder durch die Kombination
von Fremd- und Selbstbezug ausgezeichnet – oder hat, mit anderen Worten, die Struktur von Subjektivität. Mit dieser Aufdeckung
kommt die Logik des Urteils mit ihrem Gefälle zwischen Subjekt
und Prädikat an ihr Ende und hebt sich auf »zugunsten einer Struktur, wonach zwei Selbstbezüge konfrontiert werden bzw. in ein
Wechselverhältnis zueinander treten«[46]. Diese neue Struktur, die
sich hier ergeben hat, kann als logische Intersubjektivität bezeichnet werden – und mit ihr sollte, so scheint Braitling zu meinen, die
Logik insgesamt ihr Ziel erreicht haben. Zum einen werde sie so vor
dem erwähnten Umkippen in eine objektivistische Metaphysik bewahrt.[47] Zum zweiten ergäben sich heilsame Effekte für die Reprise
dieser logischen Struktur in den realphilosophischen Erläuterungen
von Subjektivität. Subjektivität sei also stets als Intersubjektivität
zu verstehen, nicht nur bei »Herr und Knecht« und anderen An-
erkennungsverhältnissen innerhalb der Philosophie des objektiven
Geistes, sondern eben auch in den bisherigen anthropologischen
Untiefen der Philosophie des subjektiven Geistes.[48]

Setzt man diesen Entwurf von Braitling noch einmal in Bezug mit
den zuvor präsentierten Positionen, so fällt im Vergleich zu Frank
und Honneth auf, dass Braitling in einem noch stärkeren Sinn für
einen »apriorischen Intersubjektivismus« bei Hegel eintritt; denn
sie möchte diesen anhand der Logik begründen, nicht, wie Honneth und Frank es tun, »nur« an der Realphilosophie festmachen.
Mit Honneth wäre das durchaus kompatibel. Braitling versteht ihren eigenen Beitrag zudem als bestimmte Weiterentwicklung von
und konstruktive Antwort auf Franks Analysen zu den Aporien
klassischer Selbstbewusstseinstheorien – eine Antwort freilich, die
Franks Intentionen am Ende diametral entgegensteht. Im Verhältnis zu Sandkaulen und Stekeler wäre zu fragen, wie Braitling die
Hinweise zu einer Revision der Philosophie des subjektiven Geistes
genau verstanden wissen will und was der Ertrag wäre, die Anthro-

---

[46] Ebd., 208.

[47] Die Abschnitte »Objektivität« und »Idee« waren bereits einer General-
kritik unterzogen worden: vgl. ebd., 175–181.

[48] Vgl. ebd., 220f.

pologie intersubjektiv durchzuarbeiten. Stekelers und Sandkaulens intrasubjektive Lesarten können ja für sich in Anspruch nehmen, die Lösung eines aktuell virulenten systematischen Problems anzusteuern, nämlich ein Konzept menschlicher Geistigkeit zu entwickeln, das zwischen der Szylla des Naturalismus und der Charybdis des Leib-Seele-Dualismus hindurchhilft – und dies, ohne sich sofort in Gesellschaftstheorie aufzulösen. Speziell im Vergleich zwischen Sandkaulen und Braitling kann man schließlich fragen, auf welche Weise Hegels System eigentlich mehr aufgesprengt wird: durch Sandkaulen, die diesem Ziel nicht abgeneigt ist, dabei aber zumindest die Anthropologie retten möchte, oder durch Braitling, der eine Rettung von weit mehr aus Hegels System vorschwebt, die sich aber genötigt sieht, zu diesem Zweck dessen weitreichenden Umbau zu fordern, angefangen bei der gesamten subjektiven Logik.

2. Ein Vorschlag

2.1 *Substanz und Anerkennung*

Mit dem im ersten Teil dieses Beitrags präsentierten Panorama beanspruche ich nicht, alle Interpretationsmöglichkeiten zu Hegels Verständnis von »Subjektivität« restlos angeführt zu haben. Ich wollte aber auf fünf Positionen hinweisen, die sich nicht aufeinander reduzieren lassen, sich einerseits ergänzen, sich andererseits bis zu einem gewissen Grad gegenseitig in Schach halten. Es sind Lesarten, mit denen vertraut zu sein mir sinnvoll erscheint. Und sie lenken den Blick darauf, dass es bei Hegel eine Mehrzahl von Instanzen der Subjektivität geben könnte, die als plausible Ausformungen dieses Begriffs angesehen werden dürfen.

Es ist natürlich eines, dies mit Blick auf Hegels Verwendungsweisen des Subjektivitätsbegriffs zu konstatieren, ein anderes, die systematische Konsistenz und Kohärenz dieser Verwendungsweisen zu verteidigen. Im zweiten Teil meines Beitrags möchte ich den Versuch unternehmen, mich einer solchen Verteidigung anzunähern. Zu diesem Zweck greife ich auf einen Textabschnitt zurück, der bereits zur Sprache kam und den ich in der Tat für äußerst hilfreich halte, weil er an einer markanten Gelenkstelle von Hegels System

die diversen hier verhandelten Themen auf bemerkenswerte Weise
zusammenführt. Ich meine die Passage »Vom Begriff im allgemeinen« zu Beginn der subjektiven Logik.[49]

Die Begründung dafür, speziell diese Passage als Ausgangspunkt
und Basis für die hier zur Debatte stehende Fragestellung zu wäh-
len, liegt meines Erachtens nicht nur in der generellen Behauptung Hegels, dass vor aller Realphilosophie Logik zu betreiben sei.
Weitaus präziser kann nämlich gesagt werden, dass Hegel an dieser
Stelle, die den Übergang von der objektiven zur subjektiven Logik
markiert, den *terminus technicus* der Subjektivität bzw. des Subjekts
eigentlich erst entwickelt – ihn sich also nicht von außen vorgeben
lässt. Dies geschieht durch die Rekapitulation der wesenslogischen
Durchdringung des »absoluten Verhältnisses« und durch die Kombination dieser Argumente mit denjenigen, die Hegel im Ausgang
von Kants Einsatz des Subjekts im Rahmen der transzendentalen
Deduktion der reinen Verstandesbegriffe entwickelt.

Zuerst also gilt es, das absolute Verhältnis, d. h. die »Bewegung
der Substantialität« (GW 12, 12) von der Substanz über die Kausalität zur Wechselwirkung nachzuvollziehen. Unter Substanz versteht
Hegel die grundlegende Kategorie der Wirklichkeit. Sie ist »das an-
und für sich-seyende Wirkliche« (ebd.). In ihr ist alles inbegriffen,
alles enthalten: alles Wirkliche, alles Mögliche. *An sich* betrachtet ist
die Substanz diese »einfache Identität« (ebd.) von allem. Zugleich
zeichnet sich damit die Struktur des *Für sich* ab: Die Substanz ist
völlig auf sich selbst bezogen. Sie ist »absolute Macht« (ebd.), die
alles zusammenhält, und »schlechthin auf sich beziehende Negativität« (ebd.), weil sie nichts von sich ausschließt.

Die weitere Analyse dieses Substanzbegriffs ergibt aber, dass sich
in dieser Identität ein Spalt abzeichnet. Wird die Wirklichkeit so
verstanden, dass in der beschriebenen Weise alles in der einen Substanz inbegriffen ist, dann kommen in dieses Gedankengebäude die
Motive von Aktivität und Passivität hinein, von Zusammenhalten

[49] Für einen Kommentar dieses Textes vgl. Thomas Hanke, Das Wesen im
Begriff. Über den Zusammenhang von objektiver und subjektiver Logik in
der Passage »Vom Begriff im allgemeinen«, in: Andreas Arndt, Günter Kruck
(Hgg.), Hegels »Lehre vom Wesen«, Berlin, Boston 2016, 159–179. Aus diesem
Kommentar (vgl. dort S. 162–164) habe ich den gleich folgenden Dreischritt zu
Substanz-Kausalität-Wechselwirkung leicht gestrafft übernommen.

und Zusammengehaltenwerden. Die behauptete Identität der Substanz ist komplexer als bisher gedacht. Die sich auf sich beziehende Negativität bezieht sich gar nicht einfach nur auf sich, sondern indem sie das machtvoll tut, ist ein Anderes vorausgesetzt, welches diese Macht erleidet. Hegel treibt diesen Spalt so weit in die Identität der Substanz hinein, dass er von einer »passiven Substanz« (ebd.) spricht, die der »active[n] Substanz« (ebd.) als Material zur Verfügung steht.

Die vermeintlich statische Substanz ist also in Bewegung geraten. Aktive und passive Substanz liegen nicht nur vor. Die aktive Substanz setzt die passive voraus. Aber sie tut das, indem sie sich zugleich auf sie bezieht. Sie übt ihre Aktivität an ihr aus. Sie wirkt auf sie ein. Das Verhältnis von aktiver und passiver Substanz ist das Verhältnis von Ursache und Wirkung: *Kausalität.*

Doch auch dieses Kausalitätsverhältnis kann noch weiter aufgeklärt werden. Denn es ist ja wiederum nicht statisch. Kausalität verändert. Und zwar verändert sie sowohl dasjenige, auf das eingewirkt wird, als auch das, was sich als einwirkende Macht präsentiert. Die erste Seite dürfte naheliegen: »die Ursache wirkt auf die passive Substanz, sie verändert deren Bestimmung« (GW 12, 13). Die Macht macht etwas mit dem Ohnmächtigen. Sie überträgt sich auf es. Die Wirkung ist daher nicht nur ein fest umrissenes, abgeschlossenes Produkt, sondern sie wird selbst »zur Ursache, Macht und Thätigkeit« (ebd.). So steht Ursächlichkeit plötzlich auf beiden Seiten, die passive Substanz erweist sich als identisch mit der aktiven Substanz. Deshalb kann auch von der letzteren gesagt werden, dass sie sich im Kausalitätsverhältnis verändert. Sie überträgt ihre Macht in die passive Substanz, welche zunächst als »ihr anderes« (ebd.) vorausgesetzt werden musste. Im Vollzug dieses Übertragens aber stellt sich heraus, dass dieses Andere kein fremdes Gegenüber mehr ist, sondern ebenfalls Aktivität und Ursache. Auch aus Perspektive der aktiven Substanz ist zu sagen: Sie ist identisch mit der passiven. Aus der Kausalität, die ein Gefälle von der Ursache zur Wirkung zu besagen scheint, ist mithin ein gleichberechtigtes Verhältnis geworden: die *Wechselwirkung.*

Mit diesen Operationen hat Hegel ein reicheres Verständnis der Substanz gewonnen. Ausgangspunkt war ein statisches Substanzkonzept. Dieses ist zerbrochen. Im Durchgang durch die Kategorien der Kausalität und Wechselwirkung gelingt aber eine Reformulierung der Substanz als komplexer Struktur. Sie bleibt nicht gespalten in aktive und passive Substanz(en). Von diesen gilt nämlich: »Nach beyden Seiten [...], des identischen sowohl als des negativen Beziehens der andern auf sie, wird jede das Gegentheil ihrer selbst; diß Gegentheil aber wird jede [so], daß die andere, also auch jede, identisch mit sich selbst bleibt. – Aber beydes, das identische und das negative Beziehen, ist ein und dasselbe; die Substanz ist nur in ihrem Gegentheil identisch mit sich selbst, und diß macht die absolute Identität der als zwey gesetzten Substanzen aus« (ebd.).

Dieses Ergebnis sieht Hegel mit dem Ende der Wesenslogik als erreicht an. Die Wechselwirkung restituiert die Substanz als sinnvolles und unverzichtbares Grundkonzept zur Beschreibung der Wirklichkeit. Deswegen spricht er hier, zu Beginn der subjektiven Logik, auch von der errungenen »Vollendung der Substanz« (GW 12, 14). Diese vollendete Substanz sei nun allerdings etwas, dem man lieber einen anderen Namen geben sollte, um die Assoziation der Statik ein- für allemal vom Tisch zu haben. Substanz in ihrer dynamischen Komplexität verstanden ist nichts anderes als »der Begriff, das Subject« (ebd.).

Mir ist wichtig, dass diese Ausführungen über die »Bewegung der Substantialität« nicht etwa einen Exkurs darstellen, der vom eigentlichen Thema dieses Beitrags wegführen würde. Ganz im Gegenteil: Aus der Perspektive, die Hegels *Logik* darbietet, handelt es sich um die argumentative Herleitung der Definition des fortan verwendeten *terminus technicus* der Subjektivität bzw. des Subjekts (im Folgenden werde ich der Einfachheit halber in den meisten Fällen vom »Subjekt« sprechen; unter »Subjektivität« kann man die Struktur bzw. die Tätigkeit des Subjekts verstehen). Hegel wird nicht müde zu betonen, was er hier im Übergang von der objektiven zur subjektiven Logik getan hat. Die »Enthüllung der Substanz« *ist* für ihn die »Genesis des Begriffs« (GW 12, 15)! Diese argumentative Herleitung ist bis hierher unabhängig von einer Analyse von Selbstbewusstsein im Sinne Franks geführt worden. Hegels Subjektbegriff wird in der *Logik* als eine metaphysische Kategorie eingeführt. Mit diesem Begriff soll die dynamische Struktur der Wirklichkeit beschrieben werden. Sie ist charakterisiert als eine und allumfassende sowie als Identität von Fremdbezug und Selbstbezug, wobei dieses Bezugnehmen explizit als Tätigkeit und Wirksamkeit gekennzeichnet ist. Zugleich fällt beim Blick auf die Herleitung dieser logisch-metaphysischen Struktur auf, dass sie ihrerseits bis zu einem gewissen Grad in Analogie zum aus der *Phänomenologie* bekannten Kampf des Anerkennens zwischen Herr und Knecht modelliert ist – womit wir an unverhoffter Stelle auf das von Honneth vertretene Paradigma stoßen. Die aktive Substanz tritt als absolute Macht auf, welche die passive Substanz zunächst unterwirft, ganz auf diese einwirkt, bevor diese sich durch das Ertragen dieses Einwirkens als ebenso machtvoll und aktiv erweist.[50] Der Kampf des Anerkennens mündet hier in die Versöhnungsfigur der gleichberechtigten Wechselwirkung, des Begriffs, des Subjekts.

Selbstverständlich hat Hegel das Anerkennungstheorem früher und in einem anderen Kontext entwickelt. An dieser Stelle nun wird seine logische Fundierung nachgeliefert. Die Differenz zwischen dem logischen und dem phänomenologisch-realphilosophischen Kontext besteht darin, dass es sich hier um eine Bewegung zwischen zwei Polen handelt, während es beim dortigen Kampf zwischen Herr und Knecht nicht nur um ein Geschehen zwischen diesen beiden Gestalten geht, sondern wesentlich etwas Drittes hineinkommt, die Dinge nämlich, die der Knecht bearbeitet, wodurch er seine Bildung erfährt (vgl. GW 9, 113–115). In der Logik handelt es sich um die innere Entfaltung des Substanzbegriffs; in Phänomenologie und Realphilosophische bewirkt das Anerkennungsgeschehen die Öffnung zur Welt, die uns menschliche Lebewesen umgibt. Letzteres wird freilich auch schon in der Logik angepeilt und durch sie getragen: mittelfristig dadurch, dass am Ende der subjektiven Logik die Veräußerlichung der absoluten Idee in der Natur und ihre Heimkehr in der Wissenschaft des Geistes in Aussicht gestellt wird (vgl. GW 12, 253), aber auch schon direkt dadurch, dass die im beschriebenen Sinne dynamisierte Substanz den Fremdbezug als ihr inneres Eigenes anerkannt hat. Dasselbe meint Hegel, wenn er sagt, dass dieser bis zu ihrem Ende durchdachten Substanz, die nun

---

[50] Interessanterweise taucht das Stichwort »absolute Macht«, das in der *Wissenschaft der Logik* natürlich vor allem eine Spinoza-Reminiszenz darstellt, tatsächlich bereits in »Herrschaft und Knechtschaft« auf: vgl. GW 9, 114.

besser Begriff und Subjekt genannt wird, Freiheit eigne. Freiheit bedeutet hier nicht die Fähigkeit, aus einer Menge äußerer Dinge und Optionen beliebig auszuwählen oder es auch zu lassen. Die Freiheit des Begriffs besteht vielmehr in dessen Nicht-Verschlossenheit, in der Offenheit für Anderes und Integration von Anderem als das, was ihn selbst ausmacht.

Die »Enthüllung der Substanz« *ist* die »Genesis des Begriffs« – wenn diese poetisch-plakative Gleichsetzung wie dargelegt verstanden wird, dann heißt das in der Tat, um eine weiter oben geprägte Formel aufzugreifen, dass Hegels »Subjekt« durch eine Art von »Anerkennung« produziert wird. Diese Protoform der Anerkennung ist jedoch gerade keine äußere und äußerliche Zuschreibung, sondern ein in logischer Analyse freigelegtes inneres Geschehen. Sie findet nicht zwischen verschiedenen Subjekten statt, denn Subjekte gibt es an dieser Stelle noch nicht, der Begriff des Subjekts ist erst ihr logisches Ergebnis. Braitling hat gesehen, was hier passiert. Aber sie geht sofort darüber hinweg zugunsten der von ihr favorisierten Anerkennung zwischen Subjekten, die sie als eigene logische Figur einführt.[51] Meine These ist hingegen, dass wir es in der Logik lediglich mit dem ersten Fall zu tun haben, während das Anerkennungsgeschehen zwischen verschiedenen Subjekten seinerseits in der Realphilosophie zum Tragen kommen kann. Dafür gibt es meines Erachtens zwei Gründe. Zunächst darf der weitere Gang der Logik hin zur Objektivität und zur Idee nicht gekappt werden (dazu werde ich in 2.3 noch mehr sagen). Uns würde die Welt abhanden kommen, in der Subjekte einander begegnen und sich realisieren können. Das ist der Grund aus der Perspektive der Logik. Aus realphilosophischer Perspektive wiederum ist einzufordern, dass das Anerkennen zwischen Subjekten als ein kontingentes Geschehen verstanden wird. Die logische Protoform von Anerkennung ergibt sich notwendig in der Analyse des Substanzbegriffs; der realphilosophische Kampf des Anerkennens zwischen verschiedenen Subjekten kann hingegen auch scheitern – mit all den pathologischen Folgen, die Honneth ausführlich untersucht hat.

---

[51] Sie spricht jeweils von der »Symmetrisierung« eines zuvor asymmetrischen Verhältnisses, zunächst zwischen zwei Relata (aktiver und passiver Substanz), dann zwischen zwei Relationen (zwei selbstbezüglichen Subjekten): vgl. Braitling, Hegels Subjektivitätsbegriff, 205 f.

Die bisherigen Überlegungen zur Logik bringen m. E. den Vorteil mit sich, dass sie für *beide* realphilosophische Kontexte, für den des subjektiven und den des objektiven Geistes, eine Strukturvorgabe machen, die dort jeweils wiederholt und eigenständig gefüllt werden kann. Durch die Identität von Fremdbezug und Selbstbezug kann sie sowohl die anthropologische Versöhnung von Seele und Leib als auch die gesellschaftliche Einbeziehung des Anderen verständlich machen. Auf eine bestimmte Lesart des Selbstbewusstsein-Kapitels der *Phänomenologie* und darin »Herrschaft und Knechtschaft« sind wir deshalb noch nicht festgelegt. Bei der Interpretation dieses Textes dürfte die entscheidende Frage sein, welche Funktion er im Duktus der *Phänomenologie* ausübt – eine Frage, die im Rahmen dieses Beitrags offenbleibt. Mit Blick auf die Aufwertung der Anthropologie kann allerdings festgehalten werden, dass diese nicht durch ihre Herauslösung aus dem Zusammenhang des hegelschen Systems erkauft werden muss. Sandkaulen hatte einen Widerspruch zwischen der ursprünglichen selbstbezüglichen Individualität des subjektiven Geistes und der Unterwerfung dieser Individualität unter die Anderes übergreifende Allgemeinheit des logischen Subjekts diagnostiziert. Gerade aber die oben dargelegte Genese dieses logischen Subjekts aus der Protoform der Anerkennung zwischen aktiver und passiver Substanz – d. h. aus der logischen Figur der dem Subjekt internen Anerkennung – gibt doch die beste Vorlage für ein intrasubjektiv-anthropologisches Verständnis von Subjektivität im Rahmen der Realphilosophie.[52] Auf diese Bedenken angesichts der Kritik Sandkaulens werde ich gleich noch einmal zurückkommen.

[52] Aufgabe wäre es dann, den weiteren Widerspruch, den Sandkaulen zwischen der Philosophie des subjektiven Geistes und der Philosophie des objektiven Geistes behauptet hat, zu diskutieren. Dazu müssten die einzelnen Schritte, die Hegel in der *Enzyklopädie* und den entsprechenden Vorlesungen geht, nachvollzogen werden – bzw. herausgefunden werden, wo genau der Bruch in der argumentativen Entwicklung vorliegen könnte. Sandkaulens Schwerpunkt liegt zunächst auf § 403 der *Enzyklopädie*.

Bis zu diesem Punkt hat Hegel den Begriff des Subjekts unabhängig vom Phänomen menschlicher Subjektivität entwickelt. Nichtsdestoweniger soll dieser Begriff auch eine Aussage über dieses Phänomen ermöglichen – und davon profitieren, dass er es kann. Hegel geht diesen Schritt in einer Partie, die er salopp als eine »Bemerkung« zum besseren »Auffassen« tituliert (GW 12, 17), die aber von ihrem Gehalt her letztlich mehr ist als das, da sie überhaupt erst plausibel macht, warum der Titel der Substanz für den weiteren Verlauf der *Logik* sinnvollerweise durch denjenigen des Subjekts ersetzt werden soll. Die Partie beginnt mit jenem Zitat, das von Sandkaulen wie Braitling zu unterschiedlichen Zwecken eingesetzt worden ist: »Der Begriff, insofern er zu einer solchen Existenz gediehen ist, welche selbst frei ist, ist nichts anderes als Ich oder das reine Selbstbewußtseyn. Ich habe wohl Begriffe, das heißt, bestimmte Begriffe; aber Ich ist der reine Begriff selbst, der als Begriff zum Daseyn gekommen ist« (ebd.). Wichtig scheint mir zu sein, die vollständige Begründung für dieses Statement in den Blick zu nehmen. Hegel gibt sie in zwei Schritten. Für Hegel ist das Ich (oder eben das Subjekt, von dem er zuvor sprach) der zum Dasein gekommene reine Begriff aufgrund von zwei Eigenarten: aufgrund seiner spezifischen ontologischen Verfasstheit und aufgrund seiner spezifischen epistemologischen Funktion.

Ich gehe hier zunächst auf die erste Eigenart ein, d. h. die spezifische ontologische Verfasstheit des Subjekts. Hegel sagt, dass wir aus der »Vorstellung« (ebd.) mit ihr vertraut seien, wobei es sich vermutlich um eine durch Kant-Lektüre geschulte Vorstellung handeln dürfte. Was macht das Ich aus? Es ist die Kombination von zwei Aspekten, die Hegel säuberlich nummeriert auflistet. Der erste Aspekt sieht wie folgt aus: »Ich aber ist diese erstlich reine sich auf sich beziehende Einheit, und diß nicht unmittelbar, sondern indem es von aller Bestimmtheit und Inhalt abstrahirt, und in die Freyheit der schrankenlosen Gleichheit mit sich selbst zurückgeht. So ist es Allgemeinheit; Einheit, welche nur durch jenes negative Verhalten, welches als das Abstrahiren erscheint, Einheit mit sich ist, und dadurch alles Bestimmtseyn in sich aufgelöst enthält« (ebd.). Hegel greift hier Kants Lehre vom Subjekt aus der transzendentalen

Deduktion der reinen Verstandesbegriffe auf, und das zunächst in affirmierender Weise.[53] Er versucht mit eigenen Worten zu sagen, was er unter der synthetisierenden Tätigkeit des kantischen »Ich denke« versteht. Das Subjekt ist demnach zuerst die Instanz, die die Welt der Objekte zusammenhält. Hegel beschreibt diese Instanz als eine selbstbezügliche Einheit, die, wie er sagt, sich nicht unmittelbar auf sich bezieht, sondern, was man ergänzen muss, vermittelt über ihre Objekte, die sie in sich integriert. Nur mittels dieser Integration bezieht sie sich auf sich selbst. Diese Integration der Objekte macht den Selbstbezug des Subjekts aus.[54] Sie scheint auf den ersten Blick eine Abstraktion zu sein, die den Inhalt der Objekte vermeintlich verliert. In Wahrheit aber bedeutet dieses »negative Verhalten« die eigentliche Zusammensetzung und Bestimmung der Objektwelt. In dieser Ermöglichung zusammenhängender Fremdbeziehung durch die Beziehung auf sich selbst erblickt Hegel eine Wiederholung der Struktur der »Allgemeinheit«, wie er sie zuvor in der Analyse des Substanzbegriffs entdeckt hat.

Bei der Charakterisierung dieses ersten Aspekts des Subjekts geht es Hegel also um dasselbe, was Kant wollte, nämlich um *Objektivität*

[53] Dass Kant im Spiel war, zeigte bereits das zuvor angeführte Zitat – Stichwort »das reine Selbstbewußtseyn« – und wird Hegels folgender Absatz explizit ansprechen: »Es gehört zu den tiefsten und richtigsten Einsichten, die sich in der Kritik der Vernunft finden, daß die Einheit, die das Wesen des Begriffs ausmacht, als die ursprünglich-synthetische Einheit der Apperception, als Einheit des: Ich denke oder des Selbstbewußtseyns erkannt wird« (GW 12, 17 f.).

[54] Mit dieser Interpretation schlage ich mich auf die Seite von Walter Jaeschke, der bezüglich derselben Stelle wie folgt formuliert: »Die Einheit des Subjekts ist nicht etwas an sich Vorhandenes, Vorausgesetztes. Sie ist aber auch nicht das Resultat einer bewußten Selbstbeziehung, die das Ich durch einen Akt der Freiheit erst herstellte, und sie wird deshalb auch nicht durch einen Akt konstituiert, der einer Introspektion zugänglich wäre. Sie liegt allen Zirkeln voraus, in die das Subjekt sich bei seinem Versuch, sich zu begreifen, verstricken könnte. Das Ich geht nicht auf seine Selbsterkenntnis aus, sondern es geht aus seiner Verwicklung mit Anderem immer wieder in sich selbst zurück – oder richtiger: Es ist aus seiner Bestimmtheit durch Anderes immer schon ›in die Freyheit der schrankenlosen Gleichheit mit sich selbst‹ zurückgegangen« (Walter Jaeschke, Die Unendlichkeit der Subjektivität, in: Francesca Menegoni, Luca Illetterati (Hgg.), Das Endliche und das Unendliche in Hegels Denken. Hegel-Kongreß in Padua und Montegrotto Terme 2001, Stuttgart 2003, 103–116, 105 f.).

kraft Subjektivität; im nächsten Abschnitt wird dieser Punkt weiter ausgebaut werden. Neben die Affirmation dieser grundlegenden Einsicht Kants stellt er aber sogleich eine Kant-Korrektur in Gestalt des zweiten Aspekts, der zur ontologischen Verfassung des Subjekts dazugehört. Hegel beschreibt ihn so: »Zweytens ist Ich eben so unmittelbar als die sich auf sich selbst beziehende Negativität Einzelnheit, absolutes Bestimmtseyn, welches sich anderem gegenüberstellt, und es ausschließt; individuelle Persönlichkeit« (ebd.). Kant hatte, um Missverständnisse zu vermeiden, die transzendentale Funktion der Einheit des Selbstbewusstseins bzw. des Subjekts scharf von der empirischen Selbsterkenntnis einer individuellen Person abgegrenzt. Dass beides zu unterscheiden sei, sieht auch Hegel, aber er betont zugleich ihren Zusammenhang. Es ist ja immer ein endliches Ich, ein Individuum, das die transzendentallogische Struktur des »Ich denke« in Anspruch nimmt (und nehmen muss), ein Individuum neben und unter anderen Individuen. Wer Individuum sagt, hat Andersheit gesagt: im Verhältnis des Individuums zu anderen Individuen, denen es sich »gegenüberstellt«, in dieser speziellen Konstellation aber auch die Andersheit der individuellen Person gegenüber dem transzendentalen Subjekt, in dessen Einheit sie zugleich aufgenommen ist. Es ist geradezu die Sinnspitze von Hegels Aufzählung der beiden Aspekte, dass das Subjekt nicht nur (transzendentales) Subjekt, sondern ebenso (empirisches) Individuum ist. Denn der erste Aspekt ist von Kant her vertraut, der zweite geht in dieser Form über Kant hinaus.[55]

Hegel sieht sich zu diesem Schritt berechtigt durch die vorherige Analyse des Substanzbegriffs, mit dem der *terminus technicus* des

---

[55] Im Kontext der aktuellen Debatte ist zu beachten, dass Hegels Sprachregelung eine andere ist als diejenige Henrichs. Dieser unterscheidet streng zwischen dem »Subjekt« als perspektivisch unvertretbarem Gegenüber zur Welt und der »Person« als einem Individuum inmitten einer Unzahl anderer Personen und Dinge: vgl. Henrich, Denken und Selbstsein, 63–67. Hegel versteht hingegen unter »Subjekt«, wie oben dargelegt, *beide* Aspekte. Man könnte sagen, dass Henrich in dieser Hinsicht Kantianer bleibt. Vgl. dazu Thomas Hanke, Die Identitäten von Subjekt und Person. Über ein Strukturmerkmal der Spätphilosophie Dieter Henrichs und seine Herkunft aus der Auseinandersetzung mit Kants transzendentaler Deduktion der reinen Verstandesbegriffe, in: Thomas M. Schmidt u. a. (Hgg.), Herausforderungen der Modernität. Festschrift für Hans-Ludwig Ollig, Würzburg 2012, 91–118.

Subjekts generiert worden war. Jetzt wird er auf das angewendet, was umgangssprachlich Subjekt (oder »Ich«) heißt. Dies soll zur Illustration dienen: Was umgangssprachlich Subjekt heißt, ist das beste Beispiel für die Einheit und Struktur des logischen Begriffs. Es wird dadurch aber auch jenes Subjekt erschlossen – was es möglich machen wird, seine hier betonte Verfasstheit in anderen Zusammenhängen, in denen von ihm gehandelt wird, d. h. in der Realphilosophie, zur Geltung zu bringen. Zu dieser Verfasstheit gehört also beides: notwendiger Selbstbezug im Fremdbezug (transzendentales Subjekt) und notwendiger Fremdbezug im Selbstbezug (individuelle Person). Oder etwas malerisch gesagt: erkenntnistheoretische Einverleibung des Fremden (um ihm freilich so seine positive Bestimmung zu geben) und ontologische Entdeckung des Fremden am und im eigenen Leib.

Die dargelegte Kombination von Allgemeinheit und Einzelheit macht für Hegel »ebenso die Natur des Ich, als des Begriffes aus; von dem einen und dem andern ist nichts zu begreiffen, wenn nicht die angegebenen beyden Momente zugleich in ihrer Abstraction und zugleich in ihrer vollkommenen Einheit aufgefaßt werden« (ebd.). Wenn ich diese Ausführungen auf unsere subjektphilosophische Debatte zurückbeziehe, dann muss ich gestehen, dass mir nicht einleuchtet, wie Sandkaulen über die *Logik* und speziell die Passage »Vom Begriff im allgemeinen« sagen kann, das Individuum werde hier von Hegel dementiert und verstoßen. Mir scheint im Gegenteil gerade in diesen Überlegungen der *Logik* das Potential zu stecken, um verschiedene der oben formulierten Anliegen – dasjenige Sandkaulens eingeschlossen – zu untermauern. Indem nämlich sowohl das Andere gegenüber dem Subjekt als auch das Andere in ihm thematisiert wird, sind Strukturen freigelegt, die sowohl die intersubjektive als auch die intrasubjektive Dimension der Realphilosophie tragen – welche sich deshalb eben nicht gegenseitig ausschließen müssen. Insbesondere möchte ich unterstreichen, dass die in den intrasubjektiven, anthropologischen Lesarten von Stekeler und Sandkaulen hervorgehobene Rolle des Körpers durch die dargelegte logische Figur dezidiert gestützt wird.[56]

---

[56] Dass dem so ist, kann mittlerweile auch über *Wissenschaft der Logik* und *Enzyklopädie* hinaus durch die neu edierten Nachschriften von Hegels

Nachdem Hegel zuerst die ontologische Verfasstheit des Subjekts dafür in Anspruch genommen hat, ein Beispiel für Einheit und Struktur des Begriffs zu sein, geht er im Anschluss auf seine epistemologische Funktion ein. Dies ist der zweite Schritt in der Begründung, warum das Subjekt für den Begriff stehen kann. Man kann darin zugleich eine Weiterführung des oben genannten ersten Aspekts des ersten Begründungsschrittes sehen. Hegel sieht sich an dieser Stelle, wie bereits erwähnt, das Erbe Kants antreten. Daher ist es auch nicht verwunderlich, dass er, um seine Sache voranzutreiben, mit einem wörtlichen Zitat aus der transzendentalen Deduktion aufwartet, in dem die synthetische Einheit des Selbstbewusstseins als notwendige Grundlage der Bestimmung von Objekten und damit von Erkenntnis angesetzt wird – womit andersherum aber auch gesagt ist, dass die Einheit des Selbstbewusstseins auf die Objekterkenntnis hin finalisiert ist. Ein anderes Wort für Erkennen ist Begreifen. So sagt Hegel in der Fortsetzung und Zuspitzung seiner Kant-Interpretation: »Das Begreiffen eines Gegenstandes besteht in der That in nichts anderem, als daß Ich denselben sich zu eigen macht, ihn durchdringt, und ihn in seine eigene Form, d. i. in die Allgemeinheit, welche unmittelbar Bestimmtheit, oder Bestimmtheit, welche unmittelbar Allgemeinheit ist, bringt« (GW 12, 18). Ohne dieses Begreifen wäre das Objekt kein Objekt im strengen Sinne, sondern lediglich eine Assoziation, eine beliebige Stimmung – und damit »ein äusserliches, fremdes« (ebd.). Bestimmte Objektivität kommt nur kraft Subjektivität zustande – welche in der hier dargelegten Form offensichtlich das Gegenteil von Subjektivismus meint. Im Anschluss an die transzendentale Deduktion versteht Hegel unter Begreifen die Bestimmung von Objekten durch die Integration in die Einheit des Selbstbewusstseins. Über Kant hinaus identifiziert Hegel diese Struktur des Begreifens mit der Struktur des Subjekts selbst. Dieses war erläutert worden

Logik-Vorlesungen in GW 23 verdeutlicht werden. Vgl. dazu Thomas Hanke, Menschliches Denken. Über anthropologische Aspekte in Hegels Logik-Vorlesungen, in: Myriam Gerhard u. a. (Hgg.), Erkenne dich selbst – Anthropologische Perspektiven. Akten des 31. Internationalen Hegel-Kongresses der Hegel-Gesellschaft (Hegel-Jahrbuch), Berlin, Boston im Erscheinen.

als Kombination aus allgemeiner transzendentaler Funktion und einzelnem Individuum. Eine entsprechende Kombination von Allgemeinheit und Einzelheit taucht nun beim Begreifen wieder auf, wenn nämlich der einzelne Gegenstand in die Allgemeinheit der Einheit des Selbstbewusstseins überführt wird und so seine Bestimmung erhält. Das bedeutet: Im Begreifen eines Gegenstandes affirmiert das Subjekt seine eigene Struktur. Und umgekehrt ist das Begreifen – oder substantiviert eben der »Begriff« – die Zielvorgabe, auf die hin sich Subjektivität realisiert, indem sie nämlich Objektivität erzeugt – Objektivität nun ihrerseits verstanden nicht als bloßes Vorliegen im Gegenüber zum Subjekt, sondern als von Subjektivität durchdrungene und bestimmte. Hegel schließt seine Ausführungen mit dem Fazit: »Diese Objectivität hat der Gegenstand somit im Begriffe, und dieser ist die Einheit des Selbstbewußtseyns, in die er aufgenommen worden; seine Objectivität oder der Begriff ist daher selbst nichts anderes, als die Natur des Selbstbewußtseyns; hat keine andere Momente oder Bestimmungen, als das Ich selbst« (GW 12, 18 f.).

Auf diese Weise hat Hegel, nach der wesenslogischen Herleitung aus dem Verhältnis der Substanz, nochmals den Begriff des Begriffs gewonnen. Zwar hat er diese Partie als »Bemerkung« zur Illustration deklariert, die also eigentlich nichts Neues zu der ersten Argumentation hinzufügen soll. Jedoch dürfte erst sie einsichtig machen, warum statt von der Substanz überhaupt vom Subjekt und vom Begriff geredet werden sollte. Und damit ist das Tor aufgetan, durch das man in die weitere Entwicklung der subjektiven Logik eintreten kann.

Werfen wir von dem erreichten Punkt aus einen vorerst letzten Blick auf das im ersten Teil dieses Artikels präsentierte Panorama. Der Konflikt zwischen den Paradigmen der Anerkennungstheorie und der Bewusstseinsanalyse, verbunden mit der unterschiedlichen Bewertung der Tragfähigkeit von Hegels Beitrag zum erstgenannten Paradigma bei Honneth einerseits, bei Frank andererseits, stand am Ausgangspunkt meiner Überlegungen. Meinen eigenen Vorschlag, zunächst die logische Generierung des Subjektbegriffs, wie sie in der Passage »Vom Begriff im allgemeinen« dargeboten wird, in den Blick zu nehmen, verstehe ich als einen Schritt zurück aus dem besagten Konflikt und als Angebot des Brückenbauens. Hegel entwickelt den Subjektbegriff zunächst als eine bestimmte logische Struktur, die er dann auf die Instanz anwendet, die wir umgangssprachlich Subjekt oder Ich nennen. Diese Instanz, in dem, was sie ist, nämlich Einheit von transzendentalem Selbstbewusstsein und Individualität, sowie in dem, was sie tut, nämlich begreifen, gibt das beste Beispiel für jene logische Struktur. Darin sehe ich ein Brückenbauen zwischen den beiden Paradigmen, weil verschiedene ihrer Elemente aufgegriffen und ihrer Anliegen gewahrt werden. Zum einen sind wir bei Hegels Analyse des Substanzbegriffs auf eine logische Vorform der Anerkennungsfigur gestoßen. Zum anderen ist Hegel im nächsten Schritt zu einer Bewusstseinsanalyse *par excellence* übergegangen. In der Passage »Vom Begriff im allgemeinen« gehört beides zusammen, beide Vorgehensweisen sollen einander stützen. Einerseits, so zeigt der erste Schritt, wird das Subjekt also in einer bestimmten Weise durch Anerkennung produziert. Andererseits, so zeigt der zweite Schritt, hat das noch nichts mit intersubjektiven oder gar gesellschaftlichen Konstellationen zu tun; weder die transzendentale Auszeichnung des Subjekts noch seine Endlichkeit als körperliches Individuum werden hier dementiert. Und es wird auch nicht etwa der Rückfall in einen cartesianischen Dualismus mit separater Seelensubstanz geprobt, das stellt Hegel unmissverständlich klar.[57] Damit sehe ich ebenfalls die anthropologischen Anliegen gewahrt, die von Stekeler und Sandkaulen vorgetragen worden sind, allerdings unter Abwehr der Kritik Sandkaulens an der hier untersuchten Stelle der *Logik*.

Hegel bleibt freilich nicht bei der Bewusstseinsanalyse stehen. »Subjekt« ist weder sein erstes noch seines letztes Wort. Vielmehr hat bereits der hier besprochene Abschnitt gezeigt, dass Subjektivität auf Objektivität hin finalisiert ist, das Subjekt aufs Begreifen. Ohne diese Zielvorgabe verfehlt das Subjekt sich selbst. Aus dieser Finalisierung ergibt sich der weitere Verlauf der subjektiven Logik, der ja in nichts anderem besteht, als das Verhältnis von Subjektivität und Objektivität auf angemessene Weise – und das heißt: auf

---

[57] Wer sich unter dem »Ich nur das einfache Ding, welches auch Seele genannt wird« (GW 12, 19), vorstelle, habe die komplexe Struktur des Subjekts bzw. des Begriffs offensichtlich nicht verstanden.

angemessen komplexe Weise – auszubuchstabieren. Braitling wollte diesen Weg abschneiden und die Logik mit der Figur der Intersubjektivität enden lassen. Was aber bliebe uns dann? Intersubjektivität, ja – den Bezug zur Welt aber hätten wir verloren. Mein Plädoyer würde hingegen darauf zielen, Hegels Anspruch *Objektivität kraft Subjektivität* ernstzunehmen – ein Plädoyer, das freilich darauf verpflichtet, die subjektive Logik noch einmal neu auf ihre Stärken und Schwächen hin abzuklopfen.[58]

[58] Für wichtige Diskussionen über meinen Text und die in ihm verhandelte Thematik danke ich Karen Koch.

BEWUSSTSEINSANALYSE

Manfred Frank

Subjektivität und Selbstbewusstsein

›Subjekt‹ ist die klassisch-lateinische Übersetzung von altgriechisch *hypokeímenon*. Die Metapher des ›Zugrundeliegenden‹, das Eigenschaften zu tragen hat, folgt der für die Entwicklung des wissenschaftlichen Denkens ausschlaggebenden Subjekt-Prädikat-Struktur der europäischen Grammatik (bzw. der ontologischen Einteilung der Welt in Gegenstände und Eigenschaften).

Wer, wie die französischen Neostrukturalisten, seine Voreingeommenheit gegen die philosophische Zentrierung des Subjekt-Begriffs bekunden möchte, weist auf die in der Metapher des Zugrundeliegenden mit angedeutete ›Unterwerfung‹: »assujettissment«, »subjectivation«, auch »sujétion«.[1] Das Subjekt sei ein (z. B. sozialen oder sprachlichen Strukturen) Unterworfenes, kein souveränes Prinzip, wie das René Descartes, der »Vater der modernen Philosophie«, angenommen habe. Descartes kennt übrigens noch keinen eigenen Ausdruck für das Erkenntnissubjekt. Er nennt es eine Substanz, eben die denkende (wobei er unter ›denken/cogitare‹ alle mentalen Akte und Widerfahrnisse, auch Wollungen und Gefühle subsumiert). Erst in der deutschen »Sattelzeit«, erst mit Kant, erwirbt ›Subjekt‹ die Bedeutung eines Erkenntnissubjekts, und das eigentlich nur im Deutschen. Es ist fortan eine Eigenart von Subjekten, ihrer selbst bewusst zu sein. Sartre, der dem deutschen Sprachgebrauch folgt, bringt das auf diese bündige Formel: »Ce qu'on peut nommer proprement subjectivité, c'est la conscience (de) conscience.«[2] Vorgänge, die nicht bewusst ›registriert‹ sind, nennen wir nicht subjektiv, z. B. rein physische oder ganz und gar unbewusste oder subpersonale Abläufe. Sie sind nicht »selbst-präsentierend«, wie das der Phänomenologe Alexius Meinong nannte, wobei

[1] Zum Beispiel: J. Lacan, Écrits, Paris 1966, 806, 809, 814; ders., Les quatre concepts fondamentaux de la psychanalyse (= Le Séminaire, livre XI), Paris 1973, 172.

[2] J.-P. Sartre, L'être et le néant. Essai d'ontologie phénoménologique, Paris 1943, 29.

Selbstpräsentation cartesische Gewissheit einschließt: Wenn *F* eine selbst-präsentierende Eigenschaft ist, ich *F* habe und mir dessen bewusst bin, dann bin ich mir meines *F*-Seins *gewiss*.[3] Umgekehrt gilt: »Was ich nicht weiß, macht mich nicht heiß.«

Über die Subjektivität und ihren Wert kursieren zwei Stories, eine *Erfolgs- oder Hui-* und eine *Verfalls- oder Verhängnis- oder Pfui-Geschichte.*

Beide Geschichten teilen die Meinung, das einzige Thema der Metaphysik sei das Sein, die darum auch ›Ontologie‹ heißt. Ihre einzige Frage: *Tì tò òn hä ón?* Worin besteht das ›Sein‹ des Seienden?

a) Nach der ersten (der Hui-Story) erfährt dies Sein im Laufe des abendländischen Denkens eine schrittweise Vergeistigung. Hegel ist der Autor dieser Erfolgsstory. Sie führt zu einem absolut sich selbst wissenden Subjekt, das alle seine Vorgängergestalten integriert und im Nachhinein als unvollkommene Vorstufen seiner selbst aus sich verständlich macht: aus sich = dem ›absoluten Geist‹.

Vorstufen dieser Seins-Vergeistigung ließen sich leicht schon in der Antike nachweisen:

Parmenides identifiziert das Sein mit dem geistigen Vernehmen (*eînai = noeîn*).[4] Platon bestimmt das ›Allersichtbarste‹ (*toû óntos tò phanótaton*), das ›eigentlich Seiende‹, als ›Idee aller Ideen‹ (*tò óntôs ón* = Idee), nämlich als das *agathón:* die Idee, die allem übrigen Seienden erst seine Sichtbarkeit widerfahren lässt.[5] Im Frühdialog *Charmides* hatte Platon erwogen, ob die Besonnenheit (*sophrosynä*) notwendig ein Selbstwissen impliziere (*tò gignóskein heautón*)[6], ja er hatte sich sogar gefragt, ob die-

---

[3] A. Meinong, Über emotionale Präsentation, in: Gesamtausgabe, hg. von Rudolf Haller und Rudolf Kindinger, unter Mitwirkung von Roederick Chisholm, Graz 1968, Bd. III, bes. § 1; ihm folgend R. Chisholm, Theory of Knowledge, second edition, Englewood Cliffs/NJ 1977, 22 f.; und ders., The First Person. An Essay on Reference an Intentionality, Brighton, Sussex 1981, 82.

[4] H. Diels, W. Kranz, Die Fragmente der Vorsokratiker. Zwei Bände, Zürich/Hildesheim 61992, I, 231, Z. 22; 238, Z. 3–5; dazu: E. Tugendhat, »Das Sein und das Nichts«, in: Philosophische Aufsätze, Frankfurt a. M. 1992, 36–66, 38 ff.

[5] Politeia 518c, 9; M. Heidegger, Platons Lehre von der Wahrheit. Mit einem Brief über den »Humanismus«, Bern 21954 (11947), 38, 43.

[6] Politeia 164 d, 165 b.

ses selbstbezügliche Wissen sich selbst als etwas rein Formelles oder darüberhinaus wie einen gegenständlichen Inhalt mit sich führe[7] – kommt aber zu keinem sicheren Schluss.

Aristoteles unterstreicht wiederholt, dass seelische Ereignisse – wenn akut auftretend und unabhängig von ihrem äußeren Gehalt – sich selbst ›nebenbei‹ (*en parérgô*) mit erfassen.[8]

Der Alt-Stoiker Chysippos nennt diese Vertrautheit *oikeíosis* oder *syneídäsis*, andere Stoiker – z. B. Hierokles – sprechen von *aísthäsis heautoû*.[9]

Augustin[10] und Descartes formulieren den Schluss »cogito, ergo sum«. Descartes präzisiert in seinem Interview mit Burman: »Conscium esse est cogitare et supra suam cogitationem reflectere«.[11]

Leibniz denkt jedes mentale Ereignis vom Selbstregistrierungs-Mechanismus begleitet, den er Selbstgefühl (»sentiment de soi«) und auf intellektuellem Niveau »réflexion« oder »apperception« nennt.[12]

[7] Politeia 169 d ff., 170 d ff.

[8] De Anima III, 2, 425b, 12; Metaphysik D, 9; cf. I,7. p. 1072, b 20; I,9, p. 1075 a, 3–6.

[9] Ioannes ab Arnim (colligit), *Stoicorum Veterum Fragmenta*, IV volumina, Stuttgart 1964 (Reprint der Ausgabe Lipsiae [Leipzig] 1903–1905, 1924) III, Nr. 178, 138; A. Long, D. Sedley (Hg.), The Hellenistic Philosophers, 2 vols.; Volume 1: Translations of the principal sources with philosophical commentary, Volume 2: Greek and Latin texts with notes and bibliography; Cambridge 1987 (deutsch von Karlheinz Hülser, Die hellenistischen Philosophen. Texte und Kommentare, Stuttgart – Weimar 2000 [der Ausgabe fehlen die griechischen Originale, und das Glossar – 583 ff. – ist ungenügend hinsichtlich der Ausdrücke für Gefühl und Bewusstsein]), 2, 343 [Texte 57 A, 57 C, 53 B, 5 u. 9]; weitere Belege in: M. Frank, Selbstgefühl. Eine historisch-systematische Erkundung, Frankfurt a. M. 2002, 26 ff.; den Ausdruck syneídäsis benutzt schon Demokrit: Diels/Kranz (1992) II, 207, Z. 1; vgl. H. Diels, W. Kranz (1990), Dritter Band [der obigen Ausgabe], Wortindex. Namen- und Stellenregister, 412.

[10] De civ. Dei XI, 26; De vera religione 39,73; vgl. C. Horn, »Welche Bedeutung hat das Augustinische Cogito (Buch 26, XI)?«, in: ders. (Hg.), Augustinus, De civitate dei (Reihe ›Klassiker Auslegen‹, Bd. 11), Berlin 1997, 109–130.

[11] R. Descartes, Gespräch mit Burman. Lat.-deutsch. Übers. und hg. von Hans Werner Arndt, Hamburg 1982 12; ders., Œuvres et lettres. Textes présentés par André Bridoux, Paris 1953, 1359; vgl. 291.

[12] G.W. Leibniz, Philosophische Schriften, Bd. 3.: Nouveaux Essais, hg. und übersetzt von W. v. Engelhard und H. H. Holz, Buch II, Kap. xxvii, § 9,

Mit Kant und Fichte ersteigt die sogenannte Subjekt-Philosophie ihren Höhepunkt. Das »Ich denke« wird »zum höchsten Grundsatz« der gesamten Philosophie[13] – und bleibt es in dieser Spitzenstellung bis hinein in den Neukantianismus und die Phänomenologie. Noch heute – in der *Philosophy of Mind,* etwa bei Roderick Chisholm[14] oder Laurence BonJour[15] – behält das Selbstbewusstsein die Stellung eines obersten Wissens-Prinzips.

b) Nach der zweiten (der Pfui-Story) entfernt sich die Philosophie (und die abendländische Menschheit) immer mehr vom ursprünglichen und eigentlichen Thema der Metaphysik, bis sie sich in den extremen »Logozentrismus«, die »Seinsvergessenheit«, verirrt: Nietzsche, Heidegger, Klages, Derrida, ähnlich Horkheimer/Adorno. Der Vorwurf lautet auf ›Selbstermächtigung des Subjekts‹, ›Verdinglichung der Welt‹. Technische Weltbeherrschung sei an die Stelle eines demütigen Hörens auf den Zuspruch des ›Seyns‹ getreten. Drastische (und darum viel zitierte) Belege für diese Bemächtigungsgeste in der Subjektivierung des Seins finden sich bei Descartes.[16] Der Wissenschaftler müsse der Natur die Geständnisse »unter Folter« entreißen, um sie zu beherrschen.[17]

Darmstadt 1959; ders., Philosophische Schriften, Bd. 1: Principes de la Nature et de la Grace; § 4, Darmstadt 1965; ders., Philosophische Schriften, Bd. 1: Monadologie. §§ 23 und 30, a. a. O.

[13] KrV B 134f.

[14] Chisholm (1981).

[15] L. BonJour, »The Dialectic of Foundationalism and Coherentism«, in: The Blackwell Guide to Epistemology, ed. by John Greco and Ernest Sosa, Oxford-Malden 1999, 117–142; ders., »Toward a Defense of Empirical Foundationalism«, in: Resurrecting Old-Fashioned Foundationalism, ed. by Michael R. DePaul, Lanham-Boulder-New York-Oxford 2001, 21–38 (+ »Replies to Pollock and Plantinga«, l. c., 79–85).

[16] R. Descartes: »nous rendre maître et possesseur de la Nature« oder bei, der die Fachsprache der Hexenprozesse übernimmt: »For knowledge itself is power« Meditationes sacrae von 1697, art. 11 »De haeresibus«.

[17] R. Bacon: »Nam et ipsa scientia potestas est«; nach der englischen Übersetzung der zweiten, 1598 erschienenen Auflage. Vgl. Novum Organum 1,3 sowie 2,1 und 3: »Scientia et potentia humana in idem coincidunt, quia ignorantia causae destituit effectum.« Bacon folgt dem Vorbild von Thomas

Die »Pfui«-Story (b) ist zwiespältig:

α) Der politische Konservativismus bemächtigt sich dieser Deutung; sie wird auch ganz vorwiegend von politischen Defätisten bis zur extremen präfaschistischen Rechten vertreten.[18]

β) Aber: Ohne Subjektivität (z. B.) keine Menschenrechte. Eine Formulierung des kategorischen Imperativs lautet: Behandle Personen immer auch als Zwecke, nie nur als Mittel.[19] Nun sind Mittel immer auch Gegenstände. Soll diese Moral ein *fundamentum in re* haben, so muss es so etwas wie ungegenständliche Subjektivität tatsächlich geben, und sie muss ihrer außerdem so bewusst sein, dass diese Bewusstnahme keine ›vor-stellende‹ Verdinglichung vollbringt.

Ich werde meinen Beitrag in einen historischen und einen systematischen Part zweiteilen (I.). Im Abschnitt a. will ich mich mit der vor allem von Heidegger in Umlauf gebrachten Story beschäftigen, die gesamte Geschichte der abendländischen Philosophie laufe auf eine ›Selbstermächtigung der Subjektivität‹ hinaus. Es ist natürlich eine Variante der »Pfui-Story«. Ich glaube, diese Geschichte hat besonders in Fernost einige Sympathisanten, und sie lässt sich vielfältig illustrieren, trifft aber das Wesen der abendländischen Philosophie nicht wirklich. Das will ich im Abschnitt b. am Beispiel der philosophischen Frühromantik illustrieren, gerade weil diese üblicherweise von den Adepten der Pfui-Story zum Gipfel der Selbstermächtigung abendländischer Subjektivität erklärt worden ist. Gleichzeitig besteht unter Ideengeschichtlern eine weitgehende Einigkeit darin, dass die von Reinhard Koselleck so genannte »Sattelzeit« in der deutschen Frühromantik ihren kritischen Scheitel erreicht. Insofern kommt es hier zur Nagelprobe auf die Brauchbarkeit nicht nur

Hobbes, De homine, cap. X. Zur Geschichte des Zitats, das bald zu einem Klischee verkam, vgl. B. Vickers: »Francis Bacon and the Progress of Knowledge«. In: Journal of the History of Ideas 53 (1992) 3, 495–518.

[18] Selbst Adornos Apriori-Pessimismus ist als eine neognostische Wendung diagnostiziert worden, die sich bei aller Feindschaft gegen Heidegger hinterrücks mit dessen tiefster Grundeinstellung verbrüdert. So M. Pauen, Dithyrambiker des Untergangs. Gnostizismus und Ästhetik und Philosophie der Moderne, Berlin 1994.

[19] AA IV, 429.

seiner These, sondern gleich auch der Diagnose, eben in der Frühromantik werde der Verblendungsgipfel erreicht.

In einem zweiten Teil (II.) wende ich mich einer Strukturbestimmung dessen zu, was wir unter ›Subjektivität‹ verstehen sollten.

I.

a.

Während die europäische Moderne mit den beiden Titelbegriffen ihre größte Errungenschaft bezeichnet, hat fernöstliches Denken Zurückhaltung ihnen gegenüber empfohlen. Subjektivität schien ein Name für die maßlose Selbstüberschätzung des *homo faber*, wie sie sich in gewaltsamer Unterwerfung der äußeren und der eigenen Natur bekundet. Es liege in der Natur des Subjekts, sich die Welt zu ›vergegenwärtigen‹. Unter dem Blick des Subjekts verwandle sich die Natur in ein Ob-jekt, ein der Vor-stellung Gegenübergestelltes, einen Gegen-stand. Das für Subjektivität konstitutive Selbstbewusstsein sei selbst nichts anderes als eine solche Selbstvergegenständlichung oder Selbstvergegenwärtigung (›présence-à-soi‹ übersetzen die Franzosen). Dieses Vergegenwärtigen (›*parusía*‹ sagten die Griechen) diene nicht der neutralen ›Erkenntnis‹ des Seienden, sondern sei der erste Schritt zur technischen Weltbeherrschung. Das Kategorien-Konsortium, das der Geist in sich entdeckt, sei der Ursprung der Regeln, denen er sie in der Folge unterwirft; hatte doch schon Bacon betont, dass er sie nur dadurch unterwerfen könne, dass er die machthabenden Regeln gegen sie selbst wendet.[20] Im Ausdruck ›Begriff‹ ahnen die französischen Heideggerianianer die eingezogenen ›griffes‹, die Krallen eines in der Technik kulminierenden Beherrschungswillens. So sei das vermeintlich vor-stellende Subjekt der Träger einer durchaus praktischen Bemächtigungsstrategie, für die Nietzsche (allerdings in positiver Absicht) den Namen ›Wille zur Macht‹ prägt. Darum zählt Heidegger ihn zu der Verhängnis-

---

20 »natura nisi parendo vincitur« in: F. Bacon, The Works of Francis Bacon. Collected and ed. by James Spedding, Robert Leslie Ellis, and Douglas Denon Heath, London 1857–74, Bd. 1, 157.

geschichte der Selbstermächtigung der Subjektivität mit hinzu: als ihre »äußerste Folge«, als ihren Schluss- und Höhepunkt.[21]

Freilich: Dass diese östlichen Bedenken seit Friedrich Schlegel und Schopenhauer und bis zu Klages und Heidegger auf offene Ohren trafen, das muss selbst einen Erklärungsgrund im westlichen Denken haben. Man denke an Friedrich Rückerts berühmte Verse:

> Denn wo die Lieb erwachet, stirbt
> Das Ich, der dunkele Despot.
> Du lass ihn sterben in der Nacht
> Und atme frei im Morgenrot.

Wie sein Lehrer und Freund Schelling bringt Rückert, auf die Ghasele des persischen Mystikers Dscheleddin Rumi sich beziehend, das Ich, als den Geist der »Selbstheit«, in Opposition zur »Liebe«. Liebe und Selbstheit, schon von Aristoteles als ein Grundgegensatz herausgehoben, den Herder und Hölderlin reaktualisiert haben, strukturieren noch die Metaphysik des mittleren, des vom Idealismus des Ich-Prinzips sich abwendenden Schelling. Der hatte Fichtes »Thathandlung«, durch die eine maßlos aufgeblähte praktische Subjektivität eine Welt entstehen lässt, um vom ›Ich‹ nach und und nach rationalisiert und damit domestiziert zu werden, als die Tat eines Abfalls des Ichs aus dem Verband des Absoluten gegeißelt: »Von dieser [sc.: der gefallenen] Welt kann sich das Ich in der That rühmen, der Urheber zu seyn.«[22]

In dem Zitat ist ein enger, ein intrinsischer Zusammenhang von Subjektivität und Rationalität unterstellt. Niemand hat diesen Zusammenhang so klar aufgedeckt wie Kant, der die selbstbewusste Subjektivität mit dem Verstand identifiert und zum »obersten Grundsatz« der Philosophie erheben wollte. Der Verstand ist Ursprung der Kategorien, also der Grundbestimmungen der objekti-

---

[21] Heidegger (1954), 45 f.

[22] Die zitierte Stelle kann ich nicht wörtlich nachweisen. Sie gehört aber zu Schellings Stereotypen der Fichte- und Naturbeherrschungskritik und findet sich abgewandelt vielfach seit 1804. Vgl. Friedrich Wilhelm Joseph Schelling, Sämmtliche Werke, hg. von K. F. A. Schelling, I. Abtheilung Bde. 1–10; II. Abtheilung Bde. 1–4; Stuttgart 1856–1861, I/6, 42; I/7, 351, 385 f.; ders., Grundlegung der positiven Philosophie. Münchner Vorlesung WS 1832/33 und SS 1833, hg. und kommentiert von Horst Fuhrmans, Torino 1972, 471.

ven Welt; und die Objektivierung der Wirklichkeit ist die Grundleistung der Rationalität – wobei ›objektiv‹ eben meint: Gegenstand möglicher wahrer Prädikationen und mithin: stehend unter allgemeingültigen Gesetzen.

Diesem Zusammenhang von Subjektivität und Rationalität schlägt seit Nietzsche ein tiefer Argwohn entgegen. Der hat sich in den letzten 50 Jahren, die vor allem in den Literatur- und Kulturwissenschaften durch die Mode des Neostrukturalismus und des Postmodernismus geprägt waren, verstärkt. Originell war dieses *revival* nicht. Zwar wurde Adornos und Horkheimers *Dialektik der Aufklärung* im französischen Nachbarland fast völlig ignoriert, weil sie die Kritik am Subjektivismus-Rationalismus nicht selbst als antirational verstanden wissen wollten. Umso deutlicher trat eine andere deutsche Tradition hinter der vermeintlich neumodischen französischen Mode hervor: der alte Irrationalismus der Nietzsche, Spengler, Klages und Heidegger, der neufranzösischen ›Meisterdenker‹.

Hier hat sich abgespielt, was Derrida treffend einen Chiasmus nannte. Während die Deutschen – nach der Katastrophe des Dritten Reichs – ernüchtert von diesen ihren Meisterdenkern abließen und sich bemühten, den Anschluss an ihre (vor allem ins angelsächsische Ausland verstoßene) rationalistische Tradition wieder zu gewinnen (Wittgenstein, Carnap, Neurath), wurde der deutsche Irrationalismus zur beherrschenden Orientierung der französischen Philosophie, die vormals im Ruf der Klarheit und Rationalitäts-Freundlichkeit gestanden hatte, diesen Ruf aber mit Sartres und Merleau-Pontys Abtritt abgelegt hat. ›Logozentrismus‹ war nun das Schlagwort, in dem eine neue Geistfeindschaft zum Ausdruck kam. Die Wortprägung stammt von Ludwig Klages, einem einflussreichen antisemitischen Dunkelmann, der in der Machtergreifung des ›Logos‹ die sich vollendende Teleologie des ›abendländischen Denkens‹ diagnostizierte.

Sein Hauptwerk *Der Geist als Widersacher der Seele* flirtet mit der Wortprägung ›Logozentrismus‹ schon im Titel und ist zwischen 1929 und 1932 enstanden. Die Grundidee des dreibändigen Schmökers resümiert *Der kosmogische Eros* weitschweifig, und dennoch bündiger wie folgt:

[E]s ist *nicht,* wie man wähnte, der *Geist* des Menschen, der sich [in der Ekstase] befreit, sondern die *Seele;* und sie befreit sich *nicht,* wie man wähnte, vom Leibe, sondern gerade vom *Geiste!*

Der Kosmos lebt, und alles Leben ist polarisiert nach Seele (Psychae) und Leib (Soma). [...] Das sind, ohne Gleichnis gesprochen, die Pole der Wirklichkeit. – [...]/

Die Geschichte der Menschheit nun zeigt uns im Menschen und *nur* im Menschen den Kampf »bis aufs Messer« zwischen dem allverbreiteten Leben und einer *außerraumzeitlichen* Macht, welche die Pole entzweien und dadurch vernichten, den Leib entseelen, die Seele entleiben will: man nennt sie den Geist (Logos, Pneuma, Nus). [...] Als Träger des Lebens sind wir gleich allen Lebensträgern Individuen (d. i. unteilbare Eigenwesen), als Träger des Geistes sind wir überdies noch Iche oder Selbste. »Person«, von personare –hindurchtönen, kommend und ursprünglich die Maske des Mimen bezeichnend, durch welche ein Dämon redet, ist längst zum geistvergewaltigten Leben geworden, zum Leben im Dienste der Rolle, die ihm befohlen wird von der Maske des Geistes! [...]

Während jedes außermenschliche Lebewesen [...] im *Rhythmus* des kosmischen Lebens pulst, hat den Menschen aus diesem abgetrennt das *Gesetz* des Geistes. Was ihm als dem Träger des Ichbewußtseins im Lichte der Ueberlegenheit vorausberechnenden Denkens über die Welt erscheint, das erscheint dem Metaphysiker, wenn anders er tief genug eindringt, im Lichte einer Knechtung des Lebens unter das Joch der Begriffe! Von ihm das Leben wieder zu lösen, sowohl der Seele *als auch* dem Leibe nach, ist der verborgene Hang aller Mystiker und Narkotiker, mögen sie es wissen oder verkennen; und der erfüllt sich in der Ekstase. Mit den Beweisen dafür kämen wir auf hundert Seiten nicht zu Ende. Hier genüge ein Blick auf die sinnfällig gröbsten.[23]

Durchtönt (*personatur*) ist aber in Wahrheit das Leben nicht vom Ich – das ist nur ein Zustand des Verfalls, der Entartung. Durchtönt wird vielmehr das durchaus abhängige, erst spät evoluierte Ich vom siegreichen Leben:

[P]assiv, erleidend, anheimfallend ist unser Ich, und es fällt anheim der siegenden Gewalt des Lebens. Wann immer wir wollen oder denken, so sagen wir: *ich* denke, ich will, ich tue, und wir heben das Ich

23 L. Klages, Vom kosmogonische Eros, München 1922; 5. durchges. Aufl. München: Hans E. Günther, 43 ff.

umso entschiedener hervor, je nachdrücklicher wir eben denken oder wollen. Wann aber wir Großes fühlend erlebten, so scheint es uns blaß und marklos, zu sagen: ich fühlte das folgende; und es heißt statt dessen: es hat mich ergriffen, erschüttert, gepackt, überwältigt, hingerissen! Was reißt uns hin? Das Leben! Und was wird hingerissen? Das Ich![24]

Auch Spengler sah ›das Abendland‹ biologisch erschöpft; auch er sah im Ich den Agenten der Dekadenz; auch er prophezeite eine Postmoderne, denn die Moderne war ja nichts als die letzte Epoche des untergegangenen Abendlandes. Widersprochen wurde zugleich der irenischen Vorstellung vom ›merkwürdig zwanglosen Zwang des besseren Arguments‹ (Habermas). Rationale Argumentation geriet unter den Verdacht, ein verkapptes Kriegsspiel zu sein, in dem in Wahrheit der mächtigere ›Wille zur Macht‹ sich durchsetzt.[25]

Als *Agent* dieses Bemächtigungswillens wurde – wie gesagt – ›das Subjekt‹ diagnostiziert – von Klages nicht anders als von seinen Freunden Bäumler und Heidegger oder von Jean-François Lyotard.

Nun zählt in der Tat zu den Grundcharakteristika der philosophischen Moderne die Überzeugung, dass sie ein Denken aus der Gewissheit des Selbstbewusstseins gewesen sei. Und Subjektivität ist wesentlich durch Selbstbewusstsein ausgezeichnet. Einer der Hauptvertreter der modernen Subjekt-Philosophie, Jean-Paul Sartre, vollzieht (wie wir sahen) diese Gleichung ausdrücklich: »Ce qu'on peut nommer proprement subjectivité, c'est la conscience (de) conscience.«[26] Dies Denken, in der Stoá einsetzend (*syneídäsis*) und von Descartes bahnbrechend modernisiert, von Leibniz und Wolff weiter differenziert, habe nach einem empiristischen Intermezzo in Kants und zumal in Fichtes Philosophie seinen Höhepunkt erreicht – denn dort werde Subjektivität zum Prinzip eines deduktiv entwickelten Systems von Kenntnissen, die kraft ihrer Ableitbarkeit

24 Klages (1922) 47.
25 Mit »discours agonal« übersetzt Lyotard treffend einen im präfaschistischen deutschen Sozialdarwinismus weit verbreiteten Ausdruck, den auch Spengler mit Vorliebe benutzt [Belege in: M. Frank, Die Grenzen der Verständigung. Ein Geistergespräch zwischen Lyotard und Habermas, Frankfurt a. M. 1988; ders., »Politische Aspekte des neufranzösischen Denkens«, in: ders., Conditio moderna. Essays, Reden, Programm, Leipzig 1993, 119–139.
26 Sartre (1943) 29.

aus dem Selbst die ihnen eigene Form objektiver Begründetheit gewinnen (»Grundsatzphilosophie«). Neukantianismus und Phänomenologie haben auf unterschiedliche Weise an der Prinzipienstellung des Selbstbewusstseins festgehalten.

Noch in unseren Tagen genießt diese Auffassung einigen Kredit. Manche analytischen *Philosophers of Mind* glauben, dass ein ›selbstblindes‹ Wesen keinen Zugang haben könne zur Sphäre des Rationalen.[27] Selbstblind wäre ein Wesen, dem der Sinn des epistemischen Selbstbezugs aus der ersten Person Singular verborgen ist, das sich wie einen Gegenstand in der Welt unpersönlich identifiziert. Es würde sich mentale Zustände zuschreiben, ohne mit den Wahrheitsbedingungen dafür vertraut zu sein. Das meint auch Tyler Burge: Ein nicht selbstbewusstes Wesen würde die motivierende Kraft von Vernunftgründen nicht ›unmittelbar‹ auf sich selbst anwenden können.[28] Ihm blieben praktische Forderungen hypothetische Sätze wie: ›Will man dies erreichen, muss man jenes tun‹, ohne dass die Forderung motivierend bei seinem Ich angriffe. Solche Überzeugungen bleiben »motivationally inert«.[29] Roderick Chisholm und Laurence BonJour haben sogar den erkenntnistheoretischen Fundamentalismus einer Begründung gültiger Überzeugungen aus dem Selbstbewusstsein wiederholt.

All diesen Denkern hat oder hätte Heidegger vorgeworfen, an einer Machtergreifung der Subjektivität zu arbeiten. Worin genau soll die bestehen? Darin, dass Subjektivität, als Ort einer sich selbst zugänglichen Klarheit, zugleich Ursprung aller Regeln und Gesetze ist, durch die uns die gegenständliche Welt einsichtig wird. Regelbeherrschung verbürgt Voraussehbarkeit künftiger Eigenschaften des Gegenstandsbereichs, so dass wir uns kraft dieser aus dem Subjekt geschöpften Kenntnis der Natur bemächtigen können.[30] Dieser

[27] S. Shoemaker, The First-Person Perspective and Other Essays, Cambridge 1996, 31.

[28] T. Burge, »Individualism and Self-Knowledge«, in: The Journal of Philosophy 85 (1988), 649–663; wiederabgedruckt in: Q. Cassam (Ed.), Self-Knowledge, Oxford University Press, 1994, ch. 4; dt. in: M. Frank (Hg.), Analytische Theorien des Selbstbewußtseins, Frankfurt a. M. 1994, 690–709 (= Text 17).

[29] Ch. Larmore, »Reflection and Morality«, in: Social Philosophy and Policy 27 (2010) 2, 1–28, 10.

[30] Descartes (1953) 168.

Gesichtspunkt macht deutlich, inwiefern Naturwissenschaft – als vorgeblich wertneutrale Erkenntnis der Regeln, durch die Natur verständlich, und das heißt hier: prognostisch domestizierbar gemacht werden kann – und Technik – als wirksamer Gebrauch dieser Erkenntnis im Blick auf die Naturbeherrschung – aus einer gemeinsamen genealogischen Quelle fließen. Die berühmte (schon zitierte) Formel von Francis Bacon, die das wissenschaftlich erworbene Wissen mit der Macht identifiziert, ratifiziert nur den innigen Bezug, den der wissenschaftliche Fortschritt mit der Gewalt der wachsenden Naturbeherrschung unterhält. Bacons Metapher entbehrt nicht der Drastik: Er empfiehlt dem Wissenschaftler/Techniker, die Natur der Folter auszuliefern, um ihr Geständnisse zu entreißen.

Sein Ursprung ist eine epistemologische Weichenstellung, die die Heideggerschule als ›Metaphysik‹ bezeichnet hat. Die Bedeutung dieses Ausdrucks kann vorläufig durch ›vergegenständlichendes Denken‹ erläutert werden. Danach ist das Subjekt in seiner Transparenz vor-stellend bezogen auf das, was undurchsichtig und nicht es selbst ist: die Welt der Objekte. Was an ihnen einsichtig ist (wie eben die Gesetzmäßigkeiten), ist nur Fulguration von des Subjekts eigener Durchsichtigkeit.

Nach dem Niedergang der großen idealistischen Systeme, deren jedes der Subjektivität eine zentrale Stelle zuwies, kam die Zeit seiner ›narzisstischen Kränkung‹. Sie schlug sich in allerlei Reduktionismen nieder. Unter ›Reduktion‹ versteht man die Ersetzung einer Klasse von Phänomenen durch eine andere. Gelingenskriterium ist, dass kein Verlust im Wahrheitsgehalt der entsprechenden Sätze ensteht. Vielerlei ›reduktive Klassen‹ für Subjektivität sind vorgeschlagen worden: die sozio-ökonomischen Bedingungen (Marx), der Wille zur Macht (Nietzsche), das Unbewusste (Freud), die Seins-Öffnung (Heidegger), anerkannter Spachgebrauch (Wittgenstein), die ›Struktur‹ der langue (Saussure) oder der ›marques différentielles‹ (Derrida), der ›Diskurs‹ (Foucault) oder das ›System des kommunikativen Handelns‹ (Habermas).

Aber ist die zugrunde liegende Diagnose richtig? Ist ›das Subjekt‹ Agent von Bemächtigung oder Vergegenständlichung? Und wen, wenn nicht ein geknechtetes, ein unterdrücktes Subjekt, gälte es vor den ›dispositifs du pouvoir‹ eigentlich zu schützen?

In der Tat ist die Geschichte über die Machtergreifung der Subjektivität, die uns von Nietzsche über Heidegger bis zu Foucault und Derrida erzählt wird, ingeniös, aber grundverkehrt. Um das einzusehen, bedarf es nicht einmal eines Rückblicks auf die mächtige neuplatonisch-mystische Tradition Europas, die das Subjekt keineswegs in Spitzenstellung hievt, sondern demütigt. Es genügt schon ein Blick auf die Geschichte der Subjektphilosophie seit Kant und Fichte. Ein Blick auf diese Zeit ist auch darum probat, weil das gängige Vorurteil Fichte zum Hauptsündenbock der Entwicklung macht; und da man die Jenenser Frühromantik weitgehend aus der Abhängigkeit von Fichte rekonstruiert hat, ist es üblich geworden, sie alle unter dem Stichwort der Subjektphilosophie zu erfassen und dem Verblendungs-Gipfel der Metaphysik zuzuordnen.

Das ist aus vielerlei Gründen unstatthaft. Denn wenn Subjektivität in der Tat ein eminentes Thema der Frühromantik war, so darum, weil sich unter den Schülern Fichtes der allerersten Generation (zu der auch Hölderlin gehörte) Überzeugungen ausgebildet hatten, die der Subjektivität den Rang eines Absolutum absprachen. Subjektivität müsse vielmehr begriffen werden als ein Phänomen, das nur unter einer Voraussetzung sich zugänglich werde, über die es nicht seinerseits verfüge. Diese Abhängigkeit des Selbstbewusstseins müsse aber ihrerseits aus der Struktur des Selbstbewusstseins aufgeklärt werden. Was wir gewöhnlich ›Selbstbewusstsein‹ nennen, ist das Werk einer Rückwendung des Bewusstseins auf sich selbst. Diese Rückwendung nennt die philosophische Kunstsprache ›Reflexion‹. In der Reflexion ist eines Subjekt und eines Objekt der Selbstbespiegelung. Wie sollte ich nun die Tatsache, in einem elementaren Sinne einer zu sein, aus der Dualität von Schein und Widerschein lernen können und wie andererseits daran zweifeln, dass diese Einheit ein Wesenszug meines bewussten Lebens ist? So muss Selbstbewusstsein abkünftig sein aus einer fugenlosen (selbst irreflexiven) Identität, die in Denkverhältnisse nicht mehr auflösbar ist und die diese Generation mit Friedrich Heinrich Jacobi ›Seyn‹ nannte: »Seyn, im einzigen Sinne des Wortes«.[31]

[31] F. Hölderlin, Vorstufen zum Hyperion, in: ders., Sämtliche Werke. Kritische Textausgabe, hg. von D. E. Sattler, Bd. 10, Darmstadt und Neuwied 1984, 163.

Ist diese Konsequenz gezogen, wird nicht Subjektivität, sondern ›Sein‹ zum Angelpunkt der Philosophie. Das bedeutet aber nicht, dass Subjektivität sich auf ein Epiphänomen des sogenannten ›Seins‹ reduzieren lasse, wie Heidegger gemeint hatte. Subjektivität erwächst auf einer Voraussetzung, die sie nicht meistert, zu der sie sich aber verhält. Im vergangenen Jahrhundert hat niemand diesen Gedanken eindrucksvoller zur Geltung gebracht als Jean-Paul Sartre. Seine berühmte Formel lautet:

> [La conscience] est un être dont la caractéristique d'être est qu'il est en son être question de son être: formule un peu compliquée, mais qu'on peut bien comprendre.[32]

Das heißt, dass Bewusstsein 1. ein Sein voraussetzt, also existentiell keineswegs auf eigenen Füßen steht.[33] Damit widerfährt dem Subjekt eine schwere narzisstische Kränkung, die mit der von Heidegger erzählten Selbstermächtigungs-Story inkompatibel ist. 2. sagt die Formel, dass Bewusstsein dieses sein (vorgängiges) Sein in Frage stellt, d. h. mit ihm nicht zusammenfällt, sondern sich von ihm distanziert. Es distanziert sich auf die Weise, intentional auf dieses Sein bezogen zu sein und ihm wechselnden Sinn zu verleihen. Das Sein ist die Mutter Erde, ohne deren Berührung Herakles den Antäus (des Bewusstseins) in der Luft zerreißen kann. Das heißt: Seiendes gibt es auch ohne Bewusstsein; aber Bewusstsein kommt nur auf als gestützt durch und bezogen auf (portée sur) ein Sein, das nicht es selbst ist. Diese radikale ontische *Unselbständigkeit* des Bewusstseins hinsichtlich des Seins kommt am drastischsten zum Ausdruck in Sartres berühmtem ›ontologischen Beweis des Bewusstseins‹: »La conscience naît portée sur un être qui n'est pas elle.«[34]

Wir müssen die Subjektphilosophie also anders denn als geboren aus dem Drang der Selbst- und Weltermächtigung verstehen, jedenfalls dann, wenn wir Stimmen wie die Sartres oder – wie ich jetzt zeigen will – der Frühromantik mit ins Spektrum der sogenannten ›Subjektphilosophie‹ einbeziehen wollen.

[32] J.-P. Sartre, »Conscience de soi et connaissance de soi«, in: Frank (1991), Selbstbewußtseinstheorien von Fichte bis Sartre, Frankfurt/M. 1947, 367–411, 385.

[33] Sartre drückt es auch so aus, dass das Dass-Sein dem Was-Sein vorausgehe: »L'existence précède l'essence« Sartre (1947) 385.

[34] L. c., 28.

b.

Ich sagte, dass sich die Frühromantik nur schwer aus der Verstrickung in ein wirkungsgeschichtliches Vorurteil befreien konnte. Darum wird sie zum Testfall *par excellence* für die Brauchbarkeit der These von der Selbstermächtigung moderner Subjektivität. Ihre führenden Köpfe Friedrich von Hardenberg und Friedrich Schlegel, auch Friedrich Hölderlin galten als Fichte-Schüler und mithin – das ist der erste Fehlschluss – als epistemologische Fundamentalisten. Fichte war, wie wir sahen, zum Verblendungsgipfel der Entwicklung stilisiert worden; und so wurden die Frühromantiker unter dem Stichwort der Subjektphilosophie fassbar. In feuilletonistischen Zusammenhängen hört man auch von frühromantischem ›Subjektivismus‹ oder ›Okkasionalismus‹ oder von der ›Arbitrarität‹ romantischer Theorie(n).

Was für ein Unsinn! Wir dürfen uns leisten, ihm keck den Rücken zu kehren. Denn spätestens, seitdem Dieter Henrich und seine Schüler(innen) mit der Methode der ›Konstellationsforschung‹ und auf neuer Quellenbasis weitflächig den Tübinger und den Jenaer Zeitraum der Philosophie zwischen den Jahren 1789 und 1796 durchkämmt haben, zeigt sich auch die philosophische Frühromantik in neuem und noch ungewohntem Licht.

Worauf weisen die Jahreszahlen 1789 und 1796? Auf den Beginn und das Ende eines sogenannten Philosophierens aus oberstem Grundsatz. Ein Grundsatz ist ein Satz, der aus keinem anderen folgt, sondern aus sich selbst einleuchtet und seine Wahrheit gleichsam auf der Stirn trägt. Aus ihm folgen alle anderen Sätze, die ein Wissen ausdrücken. Und einen solchen Satz glaubte Reinhold 1789 im ›Satz des Bewusstseins‹ gefunden haben. 1794 trat Fichte als Reinholds Jenaer Nachfolger auf. Er glaubte, es seinen durch Reinhold trainierten Hörern schuldig zu sein, ihnen eine ganz neue Harke in Elementarphilosophie vorzuführen: den Satz des ›absoluten Ich‹. Fichte war nicht vertraut mit den bohrenden Fragen, die Reinholds Schüler – darunter Novalis – seit etwa 1791 an den Sinn eines solchen Projekts gestellt hatten. Von der »Entbehrlichkeit«, ja von der »Unmöglichkeit« »eines höchsten und Einzigen Grundsazes alles Wissens« war die Rede (Niethammer an Herbert aus Jena, 2. Juni 1794, in: Niethammer 1995, 86; Feuerbachs Aufsatz

»Ueber die Unmöglichkeit eines ersten absoluten Grundsatzes der Philosophie« erschien 1795 in dem von Niethammer als Forum der Grundsatz-Diskussion herausgegebenen *Philosophischen Journal* II/4, 306–322). Damit glaubte man die Debatte erledigt. Aber durch Fichtes Auftritt und die Tatsache, dass unter seinen Hörern viele ehemalige Reinhold-Schüler saßen, flammte sie unerwartet wieder auf. Das erklärt die sog. *Fichte-Studien* des Novalis (von 1795/96), die Aufzeichnungen Hölderlins (1795/96 nach Strack 2012) und den Beginn von Friedrich Schlegels *Philosophischen Lehrjahren* (seit dem August 1796, dem Abschlussdatum des konstellatorischen Zeitraums).

So ist die Zuordnung der Frühromantik zum Projekt einer so genannten ›Subjektphilosophie‹ gleich aus mehreren Gründen unstatthaft. Wenn Subjektivität in der Tat ein eminentes Thema der Frühromantik war, so darum, weil sich unter Fichtes Schülern im Nachhall der Grundsatzkritik Überzeugungen ausgebildet hatten, die der Subjektivität den Rang eines Absolutum absprachen. Subjektivität müsse vielmehr begriffen werden als ein abkünftiges Phänomen, das nur unter einer Voraussetzung sich zugänglich wird, über die es nicht wiederum verfügt. Die Unverfügbarkeit dieser Voraussetzung müsse aber ihrerseits aus der Struktur des Selbstbewusstseins aufgeklärt werden. Damit nimmt die frühromantische Reflexion jäh Abschied von einem Spekulations-Typ, den die Ideengeschichte mit den Namen Fichte, Schelling und Hegel assoziiert und den man gewöhnlich unter dem Titel des Deutschen Idealismus erfasst.

Der wesentliche Einwurf gegen die Prinzipienstellung des Subjekts findet sich am knappsten und klarsten in einer Argumentationsskizze Hölderlins aus dem April 1795, die ihr erster Herausgeber *Urtheil und Seyn* genannt hat. Ihr Kerngedanke ist charakteristisch für die philosophische Frühromantik bis hinein in Schleiermachers *Dialektik* und *Glaubenslehre*.[35] Wir können – so sagt er – aus dem Modell des Bewusstseins als der Beziehung eines Subjekts auf ein Objekt nicht lernen, dass in ausgezeichneten Weisen der Repräsentation wir selbst dieses Subjekt sein können, wenn wir für diesen Fall nicht 1. beider Identität und 2. eine Kenntnis derselben schon voraussetzen. Dazu bietet das Subjekt-Objekt-Modell aber keine Handhabe,

---

[35] Schleiermacher (1980), 23 ff.; (2001), 286 ff.

und ein anderes Modell steht uns epistemisch nicht zur Verfügung. Eine bloße Voraussetzung hat im Übrigen keine Präsenz im Bewusstsein. Darum spricht Hölderlin von einem *Seyn*, das wir nicht erkennen, das wir aber als Fundament unseres Selbstwissens in Anspruch nehmen müssen, sofern wir Selbstwissen für eine Tatsache des Bewusstseins halten. Hölderlin sagt:

> Wie ist Selbstbewußtseyn möglich? Dadurch, daß ich mich mir selbst entgegenseze, mich von mir selbst trenne, aber ungeachtet dieser Trennung mich im entgegengesezten *als dasselbe* erkenne.[36]

Noch einmal (weil es sehr wichtig ist): Hölderlins Sein kommt ins Spiel als eine notwendige Voraussetzung für die Erklärung gelingender epistemischer Selbstidentifikation. Und wohlbemerkt: Es wird im Bewusstsein *nur vorausgesetzt, nicht vergegenwärtigt.* Um ein reflektiertes Ich-*Objekt* als ein *Ich*-Objekt, *also als sich selbst,* zu erkennen, musste die Form, unter der diese Kenntnis zustandekam, irgendwie unterlaufen sein durch eine Kenntnis, die sich an einen prä-identitären und prä-reflexiven Einheitsgrund richtet, den Hölderlin dunkel das ›Sein‹ nennt und der *in das* Bewusstsein selbst nicht eintritt. Das Bewusstsein entdeckt ihn nicht durch einen direkten Zugriff, sondern indem es sich seiner Unfähigkeit bewusst wird, 1. sein eigenes Sein, 2. seine Identität und 3. seine Kenntnis beider aus eigenen Mitteln zu rechtfertigen.

Schleiermacher wird das die ›absolute Abhängigkeit‹ des Selbstbewusstseins vom Sein (oder: vom »transzendenten Grunde«) nennen. Der Grund heißt nicht mehr ›transzendental‹: Erkenntnis ermöglichend, sondern ›transzendent‹: Erkenntnis-jenseitig. Die Abhängigkeit des Subjekts von ihm darf ›absolut‹ (oder ›schlechthinnig‹) heißen, weil es *überhaupt* keinen Beitrag leistet zu seinem Bestehen und nicht einmal zur Kenntnis dieses immer schon geschehenen Zustands. Mit dem unvordenklichen (nämlich durch keinen ihm zuvorkommenden Gedanken begründeten) Sein schlägt es gleichsam die Augen auf und registriert, was – ohne seine Zutat, *a posteriori* – schon geschehen ist.

Eigentlich dürfte ich nicht sagen, das im Selbstgefühl Gefühlte sei das Sein (das ist ja gerade ›transzendent‹), sondern des Selbst-

---

[36] Hölderlin (1992) 156, Z. 11–15 [von mir kursiviert].

bewusstseins Unfähigkeit, es aus eigenen Mitteln zu begründen. Dieser Begründungsnotstand wird mit der Zeit dazu führen, den transzendenten Grund des Selbstbewusstseins als eine kantische Idee zu fassen, der wir ins Unendliche uns nur annähern, die wir nie erreichen. Das ist das Grund- und Hauptthema der *Fichte-Studien* wie der *Philosophischen Lehrjahre*.

Ich habe im Gegenzug zur *communis opinio* vorgeschlagen, zwischen Idealismus und Frühromantik scharf zu unterscheiden. Als idealistisch bezeichne ich die – zumal durch Hegel verbindlich gemachte – Überzeugung, Bewusstsein sei ein selbstgenügsames Phänomen, das auch noch die Voraussetzungen seines Bestandes aus eigenen Mitteln sich verständlich zu machen vermöge. Beginnt die Philosophie mit einem Gefühl, so beginnt sie mit einer Ur-Passion, nicht mit einer Fichte'schen »Thathandlung«.[37] »Hervorbringen«, notiert Novalis, »kann sie [sc.: die Filosofie] nichts. Es muß ihr etwas gegeben werden«[38], nämlich »das Seyn« oder »Urseyn«[39]. In solchen Formulierungen kommt die Überzeugung zum Ausdruck, dass Selbstsein einem transzendenten Grunde sich verdankt, der sich *nicht* in die Immanenz des Bewusstseins auflösen lasse. Am bündigsten bringt Schlegel diesen Gedanken in einer Notiz von 1796 auf den Punkt:

> Erkennen bezeichnet schon ein bedingtes Wissen. Die Nichterkennbarkeit des Absoluten ist also eine identische Trivialität.[40]

In zwei Sätzen wird dem absoluten Idealismus radikal widersprochen. Der Grund von Selbstsein verwandelt sich vom Gehalt eines ›absoluten Wissens‹ in ein unausdeutbares Rätsel. Dies Rätsel kann nicht von der Reflexion (allein) bewältigt werden. Darum vollendet sich die Philosophie in der und als Kunst. Denn in der Kunst ist

---

[37] J. G. Fichte, Werke, hg. von Immanuel Hermann Fichte, Berlin 1971 (Nachdruck der Nachgelassenen Werke, Bonn 1834/35 und der Sämtlichen Werke, Berlin 1845/46), I, 91, 565.

[38] Novalis (= Friedrich von Hardenberg), Schriften. Zweiter Band. Das philosophische Werk I, hg. von Richard Samuel und Zusammenarbeit mit Hans-Joachim Mähl und Gerhard Schulz, Stuttgart 1965, 113, Nr. 16, Z. 3.

[39] 142, Z. 13.

[40] Friedrich Schlegel, Philosophische Lehrjahre 1796–1806. Erster Teil, hg. von Ernst Behler (= Bd. XVIII der Kritischen Friedrich-Schlegel-Ausgabe), München-Paderborn-Wien 1963, 511, Nr. 64.

uns ein Gebilde gegeben, dessen Sinnfülle von keinem möglichen Gedanken erschöpft wird. Darum kann der unausschöpfbare Gedankenreichtum, mit dem uns die Erfahrung des Kunstschönen konfrontiert, zum *Symbol* jenes in Reflexion uneinholbaren Einheitsgrundes werden, der der Fassungskraft des dualen Selbstbewusstseins aus strukturellen Gründen entgehen muss. Diesen Typ von symbolischer Repräsentation nennt Friedrich Schlegel in polemischer Absetzung vom klassizistischen Wortgebrauch *Allegorie*.

II.

Damit komme ich zum angekündigten systematischen Teil, in dem es um eine Skizze der Struktur von Subjektivität gehen soll, so wie sie nach meiner Überzeugung deskriptiv bestimmt werden sollte.

›Subjektivität‹ ist ein notorisch vieldeutiger Ausdruck. Wenigstens drei übliche Verwendungsweisen lassen sich ausmachen: 1. Personalität, 2. Individualität, 3. Privatheit. Sie scheide ich alle aus meiner Betrachtung aus. Denn was sie zu Instanzen von Subjektivität macht, ist Selbstbewusstsein.

Stattdessen füge ich zwei weitere an: 4. *Selbstbewusstsein*, 5. *Selbstwissen*. Sie sind auch für die drei obigen Verwendungen konstitutiv, mithin grundlegender als sie.

Das wichtigste Kriterium der Subjektivität – das ich gleich eingangs erwähnt hatte – wird seit Franz Brentano[41] oft auf Aristoteles zurückgeführt. Es besteht in jenem Selbstregistierungs-Mechanismus, kraft dessen wir mentale Ereignisse *bewusst* nennen.[42] Er tritt als dritte Komponente, sozusagen als das *Form*-Moment zu Selbstbewusstsein und Selbstwissen hinzu. Ich verstehe darunter, dass Bewusstseinserlebnisse und Erkenntnis-Akte nicht einfach, wie physische Ereignisse, stattfinden, sondern mit diesem ihrem Stattfinden *notwendig* auch bekannt sind.

[41] F. Brentano, Psychologie vom empirischen Standpunkt, hg. von Oskar Kraus, 3 Bde., Hamburg 1973, Bd. I, 185, Anm. 2.

[42] D. Henrich, »Selbstsein und Bewußtsein«, unveröffentlichter Aufsatz von 1971 (inzwischen mit einer neuen Einleitung zugänglich im e-journal Philosophie der Psychologie, 2007, 1–19 (http://www.jp.philo.at/texte/HenrichD1.pdf), 12, 17.

Über diese Anforderung besteht weitgehende Einigkeit unter Philosophen. Worin aber dieser Selbst-Repräsentations-Mechanismus näherhin besteht, darüber gehen die Meinungen weit auseinander.

In Konkurrenz stehen *zwei Modelle*, ein weitverbreitetes *Second-order-* und ein weniger erfolgreiches *Same-order*-Modell. Nach dem ersten liegen mentale Akte zunächst bewusstlos vor und werden durch einen Akt höherer Ordnung bewusst gemacht. Dieses Modell führt nach Ansicht des *Same-order*-Modells in Zirkel und Regresse. Denn der bewusst machende höherstufige Akt ist ja selbst wieder ein mentaler Zustand erster Ordnung, also unbewusst, sodass an der Spitze der Hierarchie übereinander gestülpter bewusstmacher Reflexionen eine letzte unbewusste bleibt – wodurch die ganze darunter subsumierte Kette ins Unbewusste versinkt. Wie soll außerdem, wenn der mentale und der bewusstmachende numerisch zweierlei Ereignisse sind, der höhere den niederen *als sich* durchschauen können, wenn er mit ihm nicht vor der Reflexion (»prä-reflexiv«) schon vertraut war? Genau dies war, nach Henrichs Ansicht, »Fichtes ursprüngliche Einsicht«[43] die einer Jahrhunderte währenden Serie hilfloser und scheiternder Versuche der Erklärung von Selbstbewusstsein die Diagnose stellte und sie damit beendete. Novalis, aus erster Quelle vertraut mit Fichtes Denken, nimmt die Pointe von Henrichs kleinem Text im September/Oktober 1795 vorweg: »Was die Reflexion *findet, scheint* schon *da zu seyn*«.[44] Andernfalls wäre Reflexion keine Weise des Wissens oder *Entdeckens* oder *Findens*, sondern des *Erfindens*. Ein Akt geistiger *Hirnwäsche* hätte stattgefunden.

Jedenfalls teilen – nach meiner Überzeugung – Selbstbewusstsein und (bewusstes) Selbstwissen das Merkmal der prä-reflexiven Selbstvertrautheit. Umso wichtiger ist es herauszuarbeiten, was sie unterscheidet. Wie also differenzieren sich *Selbstbewusstsein* und *Selbstwissen*?

---

[43] Ders., Fichtes ursprüngliche Einsicht, Frankfurt a. M. 1967 (zuerst in: Subjektivität und Metaphysik. Festschrift für Wolfgang Cramer, hg. von Dieter Henrich und Hans Wagner, Frankfurt a. M. 1966, 188–233; englisch: »Fichte's Original Insight«, in: Contemporary German Philosophy, Vol. 1, ed. Darrel E. Christensen, University Park and London 1982, S. 15–53).
[44] Novalis (1965) 112, Nr. 14.

1. Selbst*bewusstein*: Es ist anonym, es hat keinen Träger;[45] es ist unbegrifflich; wir tun es nicht, es widerfährt uns: Instanziierungen von Selbstbewusstsein sind Wahrnehmungen, Körpergefühle (Schmerz, Verliebtheit), eigentlich alle mentalem Zustände, in denen einem irgendwie *»zumute* ist« (»what-is-it-likeness«).[46]

Wir müssen nicht *wissen*, also *keinen Begriff* davon haben, wie uns zumute ist, damit uns irgendwie zumute ist. (Beispiel: verkannte oder unbemerkte Verliebtheit.)

2. Selbst*wissen*: Es hat ein Ich als Träger, es ist begrifflich. (Insofern ist es nicht passiv, sondern aktiv: Beim Wahrnehmen können wir uns nicht vertun, nur beim begrifflichen Deuten der Wahrnehmungen tritt ›wahr‹ und ›falsch‹ auf. Kant folgte einer guten Intuition, als er das Ich zum Schöpfer der Grundprädikate unserer objektiven Welterfassung, also unseres rationalen Weltverhaltens machte.) Ob es einem in bewussten Intentionalzuständen irgendwie »zumute« ist, ist umstritten.[47]

Wie aber hängen (1.) und (2.) zusammen? Nicht so, dass eines sich aus dem anderen ableiten ließe (der jeweilige Fehler Fichtes oder Sartres). Herz und Leber hängen funktional voneinander ab, sind aber nicht auseinander zu erklären. *P*-Bewusstsein kann ohne *A*-Bewusstsein vorkommen (und umgekehrt; Beispiele: unbemerk-

---

[45] »no ownership«: Hume, der frühe Husserl, Sartre, Ernst Mach und Teile des Wiener Kreises, noch Ned Block, der ein phänomenales Bewusstsein ›without me-ishness‹ annimmt [N. Block, »On a Confusion about a Function of Consciousness«, in: N. Block, O. Flanagan, G. Güzeldere (Ed.), The Nature of Consciousness, Cambridge, MA 1997, 377–415 (der Band enthält Kritiken verschiedener Autoren und einen »Open Peer Commentary« des Autors), 389 f.].

[46] Den Ausdruck ›Zumutesein‹ benutzen mehrere Brentano-Schüler, so Edmund Husserl in der V. Logischen Untersuchung (1980, II/1, 373 f.) oder Alexius Meinong (»Über die Erfahrungsgrundlagen unseres Wissens« [1973, 53]). Thomas Nagel hat den genau entsprechenden Ausdruck »what is it like to be something« (z. B. eine Fledermaus) in Mode gebracht: Nagel 1979, 135–171. (Auf Nagels faktische, nicht erklärte Abhängigkeit von Meinong deutet Marek hin [2013, Kap. 3.1.2].)

[47] Tienson, Horgan und Kriegel polemisieren gegen den »Separatismus«, der einen Riegel einziehen will zwischen phänomenalen und intentionalen Zuständen, wie das Ned Block und David Chalmers tun (T. Horgan, U. Kriegel, »Phenomenal Epistemology: What is Consciousness that We May Know It so Well?« Philosophical Issues 17 [2007], 123–144).

ter Presslufthammer, Blindsicht ohne bewusste sinnliche Wahrnehmung). Insofern sind es numerisch verschiedene Phänomene, zusätzlich verschiedenen Typs, die wir nicht unbedenklich durch den Klassifikationsterm ›Subjektivität‹ deckeln dürfen. Aber *sie teilen beide die Formkomponente*, die Dieter Henrich (und die Heidelberger Schule) als ›Vertrautheit‹ bezeichnet haben, um die Verwendung eines Reflexivpronomens – und damit die Gefahr deskriptiver Zirkel und Regresse – zu vermeiden.

Das Subjekt ist nicht Herr im eigenen Hause. Es kann sich die Einheit nicht verständlich machen, in der es faktisch besteht. Es verfügt nicht einmal über ein theoretisch allgemein anerkanntes Modell zu ihrer Beschreibung. Und es kann sich seine Präreflexivität nicht erklären. Darum weichen viele Theoretiker auf den (zusätzlich naturalisierbaren) Begriff der ›Repräsentation‹ aus, der aber wegen seiner Zweistelligkeit der Unmittelbarkeit des Vertrautseins nicht gerecht wird.

Immerhin: In präreflexiver Vertrautheit sind wir nicht intentional auf Gegenstände ausgerichtet. Subjektbewusstsein ist ein »ungegenständliches Bewusstsein«, wie nach Schleiermachers und Schellings Vorbild die Phänomenologen sagen werden. »Selbstkenntnis«, sagt noch Sydney Shoemaker, die führende Gestalt der analytischen Bewusstseinsphilosophie,

> ist nicht die Art von Kenntnis, in der Gegenstände präsentiert werden. Es ist eine ungegenständliche Kenntnis. [...] Aber selbst wenn man seiner selbst gegenständlich bewusst würde (wie einem das vor einem Spiegel geschieht), würde das unser Selbstwissen nicht erklären. Gegenständliches Selbstbewusstsein setzt ungegenständliches voraus.[48]

[48] Shoemaker (1984), 104 f. – Shoemaker spricht von ›perceptual‹ und ›non-perceptual knowledge‹, beschreibt die Letztere auch als ›non-objectual‹ (passim). Für ›ungegenständliches Bewusstsein‹ in eben diesem Sinne habe ich die ältesten Belege bei Schleiermacher und Schelling gefunden: SW I/10, 133, 265, 284 f.; II/3, 212, 227–9, 292; II/1, 293; der Sache nach schon früher: I/7, 205, Anm. 1; 1992, 29, 31, 35 f., 53, 96, 118 f., Schelling (1972) 385, 408, 440; F. Schleiermacher, Der christliche Glaube. Siebente Auflage. Erster Band. Auf Grund der zweiten Auflage und kritischer Prüfung des Textes neu hg. und mit Einleitung, Erläuterungen und Register versehen von Martin Redeker, Berlin 1960, § 3, S. 16 f.; ders., Dialektik (1814/15, 1828 [nach der Edition von Ludwig Jonas Berlin 1839] und 1822 [handschriftliche Notizen samt den von Rudolf

Wenn aber die Kenntnis eines Subjekts von sich nicht-gegenständlich ist (trotz der reflexiven Wendung, zu der die Sprache uns zwingt), dann fällt ein Hauptglied in Heideggers Verdachtskette gegen das sich ermächtigende Subjekt hinweg. Es ist hinsichtlich seiner selbst eben *nicht* vor-stellend, präsentifizierend, Gegenstand-bemächtigend. Es lässt sich nicht fassen als ›présence-à-soi‹.

Machen wir uns wir nun an eine detailliertere Gegenüberstellung der Merkmale von *Selbstbewusstsein* (1.) und *Selbstwissen* (2.).

Die beiden Varietäten von Subjektivität weisen, wie gezeigt, viele gemeinsame Merkmale auf. Darum werden sie umgangssprachlich auch nicht (streng) unterschieden. Sartres Vortrag vor der Société Française de Philosophie (2. Juni 1947) stellt sich genau dieser Aufgabe. Er heißt darum charakteristisch »Conscience de soi et connaissance de soi«.[49] Die wichtigste Gemeinsamkeit ist – wie wir wissen – die unmittelbare Vertrautheit. Der Brentano-Schüler Alexius Meinong hatte von ›Selbstpräsentation‹ gesprochen.[50]

Ich schlage darum eine Liste von Merkmalen vor (nach Buchstaben geordnet), die wir dann miteinander vergleichen können.

Ad 1. (*Selbstbewusstsein*)

a. Selbstbewusste Zustände sind *wesentlich subjektiv* (›Qualia‹, ›phänomenales Bewusstsein‹, ›Zumutesein‹).

b. Sie sind *unmittelbar* bekannt (ich bin mit *ihnen* ›vertraut‹, aber nicht mit einem Träger der Zustände).

   α. ›Unmittelbar‹ meint: nicht vermittelt über eine Art von Wahrnehmung oder ein Urteil.

c. Sie sind *gewiss* (wenn auch vielleicht nicht inkorrigibel).

d. Ihr *kognitiver Status* ist *umstritten*.

Als erster Testfall (Gedankenexperiment) eignet sich Jacksons berühmtes *knowledge argument*. (Hatte Mary, eine der Fiktion

Odebrecht – Leipzig 1942 – im Auftrag der Preußischen Akademie der Wissenschaften auf Grund bisher unveröffentlichten Materials zusammengestellten Vorlesungsnachschriften]), hg. und eingeleitet von Manfred Frank, 2 Bde., Frankfurt/M. 2001 (Vorwort und Einleitung des Hg., S. 7–135). Bd. II, 288.

[49] Sartre (1947).
[50] Zum Beispiel Meinong (1968) v. a. § 1.

nach nie mit Farben bewusst bekannt gewordene, ansonsten wissenschaftlich perfekte Sinnesphysiologin, eine neue *Erkenntnis*, als sie erstmals Rot unter Normalbedingungen sah?)[51]

Ein beliebter weiterer Gedanken-Testfall ist Kripkes Argument gegen die Analogie zwischen der Identität von Molekülbewegung und Wärme einerseits, C-Faser-Reizung und Schmerz andererseits.[52] Ich kann es hier nicht ausbreiten.

Ad 2. (*Selbsterkenntnis* oder: *Selbstwissen*)

a. Selbstwissen ist *wesentlich subjektiv* (Falle des Psychologismus).

b. Es impliziert *Kenntnis von einem Träger der Zustände*: dem Subjekt (oder ›Ich‹). Kants Grundintuition.

   Diese Kenntnis ist ebenso *unmittelbar* wie das Selbstbewusstsein. Beispiel: Ernst Mach im Bus. (Der Wiener Physiker und Philosoph Mach schildert, dass er einmal ermüdet in einen Wiener Bus gestiegen sei. Wie er die Treppen erklimmt, sieht er im gleichen Rhythmus einen Herrn einsteigen, bei dessen Anblick ihm der Gedanke durch den Kopf schießt: »Was ist das doch für ein heruntergekommener Schulmeister!« – ohne zu bemerken, dass er sich selbst in einem versteckten Spiegel gesehen hat.[53]

Eine *Lehre* aus dem Beispiel: Selbsterkenntnis kann nicht als Spiegelung/Reflexion/objektivierende Präsentation eines Selbst o. dgl. erklärt werden. Selbstwissen lässt sich also nicht auf Sach- oder gegenständliches Wissen (Wissen *de re)* reduzieren. (Dazu gleich mehr.)

c. Die Kenntnis ist *gewiss* (= selbstbewahrheitend).

d. Selbstwissen ist im strikten Sinne *kognitiv relevant* (es beansprucht Wahrheit und hat unmittelbare Konsequenzen für mein Handeln).

Eine zweite *Lehre* lässt sich aus dem Mach-Beispiel ziehen:

---

51 F. C. Jackson, »Epiphenomenal Qualia«, in: Philosophical Quaterly 32 (1982), 127–36.

52 S. Kripke, Naming and Necessity. Second, revised edition: Cambridge/ MA 1980, 144 ff.

53 Mach 1903, 3, Anm.

Selbsterkenntnis kann nicht als einfaches Wissen von sich selbst, sondern muss als Wissen von sich *als* von sich charakterisiert werden. Das Begriffswörtchen ›als‹ steht für eine Erkenntnisleistung *sui generis*.

Unterstreichen wir einen schon gemachten Punkt mit Nachdruck: Selbstwissen (Wissen »de se«) ist nicht auf gegenständliches Wissen (Wissen »de re«) reduzierbar.

Man kann das als die berühmte These Hector-Neri Castañedas[54] bezeichnen: dass das ›ich‹ des Selbstwissens nicht reduzierbar sei auf das, worauf wir mit Namenwörtern, mit Namenwort-Stellvertretern (indexikalischen Ausdrücken aller Art) oder mit Kennzeichnungen (»definite descriptions«) Bezug nehmen. (Daraus folgt, dass *he** [die »he, himself locution«, mit einem Asterisk als solche ausgezeichnet] – wider den Augenschein – *kein* Pronomen oder anderer indexikalischer und damit kein gegenstandsidentifizierender Ausdruck ist: Castañeda nennt ›he*‹, ›hier‹ und ›jetzt‹ *Quasi-Indikatoren.)* Castañeda (und seine Nachfolger) gehen aber weiter und zeigen, dass quasi-indikatorischer Selbstverweis auch nicht auf eine Bezugnahme *de dicto* (also auf ein sprachlich geäußertes Tatsachenwissen) reduziert werden kann (wie es die These des Faktualismus unterstellt).

Beispielsätze für Castañedas Argument formulieren grundsätzlich intentionale Aussagen, also solche mit einem Hauptsatz, der einer Person ein Intentionsverb zulegt, z. B.: ›Paul *glaubt (denkt, weiß, hofft, wünscht* usw.).‹ Der davon abhängige Nebensatz drückt dann den ›propositionalen Gehalt‹ des Intendierten aus. Also etwa: ›Paul glaubt, *dass Marie glücklich ist.*‹ Hier haben wir einen sogenannten Glauben *de dicto.* Paul glaubt nämlich das *dictum* (das Gesagte, die Proposition), ›dass Marie glücklich ist‹. Aber Paul kann auch einen Sach-Glauben haben, also (wie die Scholastiker das nannten) einen Glauben *de re.* Dann hat er eben eine Überzeugung über etwas (oder jemanden), wie sie sich etwa in dem Satz artikuliert: ›Paul glaubt *von* Marie, dass sie glücklich ist‹. Schließlich kann Marie aber

---

[54] H.-N. Castañeda, The Phenomeno-Logic of the I. Essays on Self-Consciousness, ed. by James G. Hart and Tomis Kapitan, Bloomington and Indianapolis 1999, Text 1.

auch einen Glauben über sich selbst haben und das auch wissen. Dann hat sie einen Glauben *de se* oder Sellbstwissen: ›Marie glaubt, dass *sie** *(selbst)* soundso.‹

Ich wechsle die Beispielsätze:

(a) Die jüngste Abiturientin von Schriesheim glaubt, dass die jüngste Abiturientin von Schriesheim die nächste Schriesheimer Weinkönigin wird *(de dicto)*;

(b) Es gibt ein x so, dass x mit Marie (nämlich mit der jüngsten Abiturientin von Schriesheim) identisch ist, und x wird von x für die künftige Weinkönigin gehalten *(de re)*;

(c) Die jüngste Abiturientin von Schriesheim glaubt, dass sie selbst die nächste Weinkönigin wird *(de se)*.

Dies sind die Implikationsverhältnisse zwischen den einzelnen Formulierungen:[55]

(1) (a) impliziert (b) (also *de dicto* impliziert *de re*).
(2) (b) impliziert nicht (a) (also *de re* impliziert nicht *de dicto*).
(3) (c) impliziert nicht (a) (also *de se* impliziert nicht *de dicto*).

III.

Ein Einwand gegen den apriorischen Intersubjektivismus

Noch aus einer anderen Richtung bekommt der Präreflexivismus Gegenwind. Ich habe gelegentlich vom ›apriorischen Intersubjektivismus‹ gesprochen. Er gebärdet sich besonders nobel, weil er dem ›solipsistischen‹ Individuum, auf das sich die Selbstbewusstseinstheorie kapriziere, die Schamröte ins Gesicht treibt: Es schere sich den Teufel, so der Vorwurf, um seine sowohl epistemische wie moralische Verpflichtung gegenüber der Gesellschaft. Tatsächlich will auch diese Position den epistemischen Selbstbezug als eine Variante des Fremdbezugs überführen. ›Apriorisch‹ darf sie heißen, weil sie ein vorgeblich solipsistisches Selbstbewusstsein ›je immer schon‹ verflochten sieht in Sozialbezüge, die den Selbstbezug allererst konstituieren. Die Paradigmenstifter sind natürlich Hegel und Mead.

---

[55] Vgl. Chisholm (1981) 19.

Das Argument (das die frühe Sprachanalyse in Wittgensteins Fußstapfen geprägt hat) läuft etwa so: Selbstbewusstsein äußert sich sprachlich in der Fähigkeit zum Gebrauch gewisser Indexwörter, insbesondere von ›ich‹. Nun würde man niemandem kompetenten ›ich‹-Gebrauch zuschreiben, der die soziale Regel nicht kennte, dass ›ich‹ aus der Perspektive einer anderen Person durch ›du‹, ›er‹ oder ›sie‹ aufgegriffen werden kann. Ich muss mich beim ›ich‹-Gebrauch übrigens nicht identifizieren, aber »notwendig« ist, dass ich mich als aus einer Fremdperspektive *identifizierbar* weiß.[56]

Jürgen Habermas hat dieser Grund-Überzeugung in Anschluss an George Herbert Mead eine pragmatizistische Wendung gegeben. Sie ist einem nicht minder starken Apriorismus verpflichtet. Verständigung beruht danach nicht nur auf Kenntnis von Bedeutungs-Regeln, insbesondere solchen von Indexwörtern, sondern auf ›kommunikativer Kompetenz‹: also auf der praktischen Fähigkeit der Partner(innen), jeweils die Perspektive des oder der anderen zur eigenen zu machen. Diese Fähigkeit erzeuge »ein Selbstverständnis, welches die einsame Reflexion des erkennenden oder handelnden Subjekts auf sich als vorgängiges Bewußtsein keineswegs voraussetzt. Vielmehr entsteht die Selbstbeziehung aus einem *interaktiven* Zusammenhang«.[57] Anderswo heißt es, Selbstbewusstsein sei etwas »aus der Perspektivenübernahme des kommunikativen Handeln *allererst [R]esultierende[s]*«.[58]

Hier wird Subjektivität nicht etwa eliminiert. Sie wird nur narzisstisch gekränkt, nämlich für abkünftig erklärt aus Regelsystemen, deren Verinnerlichung konstitutiv sein soll für Erlebnisse der Selbsthabe.

Aber ist das berechtigt? Wir haben eben gesehen, dass Selbstbewusstsein nur um den Preis von Zirkeln und Regressen aus Fremdbewusstsein zu gewinnen ist. Sollte dies beim Bewusstsein *fremder Subjekte* anders sein? Das war offenbar Hegels Überzeugung.

<hr>

56 E. Tugendhat, Selbstbewußtsein und Selbstbestimmung. Sprachanalytische Interpretationen, Frankfurt a. M. 1979 83 f., 88.

57 J. Habermas, Nachmetaphysisches Denken. Philosophische Aufsätze, Frankfurt a. Main 1988, 32.

58 Ders., Theorie des kommunikativen Handelns, Frankfurt a. M. 1981, Bd. 1, 527 – kursiviert vom Verf.

Hegel nennt das *Selbstbewusstsein* die Wahrheit des Bewusstseins. Als dessen Aufhebung bleibt es aber – wie alles Bewusstsein – mit einem ihm äußerlichen Gegenstand beschwert, dessen Selbständigkeit es durch Negation zu brechen und in sich zu überführen trachtet.[59] Indem es sich als unmittelbare Gewissheit seines Zusammenfallens mit sich selbst (als Ich=Ich) von seinem Objekt zunächst noch unterscheidet, entrichtet es seinen Tribut an die Abstraktion oder Endlichkeit. Von ihr kann es sich aber befreien, indem es den Unterschied, der seine (intentionale) Verwiesenheit auf Anderes konstituiert, als seine eigene »Reflexion-in-sich« überführt. Dabei löst es seine Einzelnheit auf und erkennt sich *als* sich selbst oder *als* »das *allgemeine [ent-individualisierte] Selbstbewußtsein*«.[60]

So ist Selbstbewusstsein in der Tat – wie bei Mead – Resultat vorgängiger Reflexion in einem sozialen Feld: Ich erkenne mich *als* mich durch Auffangen der mir von fremden Subjekten zugeworfenen Reflexe. Das sind Hegels eigene Worte: »Das Selbstbewußtsein ist sich nach [dieser] seiner wesentlichen Allgemeinheit nur real, insofern es seinen Widerschein in anderen weiß (ich weiß, daß andere mich als sich selbst wissen)«.[61] Schon Hegel versucht also, Selbstbewusstsein durch die Vorschaltung der ›er‹-Perspektive und die Reduktion auf ein Objektbewusstsein zu mediatisieren: Der Andere ist Bedingung meiner Selbsterkenntnis, und zwar darum, weil das Selbst keine unmittelbare (ungegenständliche) Kenntnis seiner besitzt. Ein »*Selbst*bewußtsein« ist nach Hegel stets nur »*für ein Selbstbewußtsein*«. Es wird also prinzipiell nur auf dem Wege über eine reflexive »Verdoppelung« erreicht, ist also, wie Hegel sagt, überhaupt nur »durch ein *anderes* Bewußtsein mit sich vermittelt«.[62] Das Sein des Anderen geht mithin der Erkenntnis des eigenen Selbst voraus. Auch wenn es in der Folge des Anerkennungskampfes *als* Objekt negiert wird, ist es seine *Objektivität*, aus deren Zusammenbruch das Subjekt seine Selbstheit erfährt.

[59] G. W. F. Hegel, Enzyklopädie der philosophischen Wissenschaft III (Werkausgabe; Bd. 10), Frankfurt/M. 1986a, § 424 f.

[60] Ebd., 215.

[61] G. W. F. Hegel, Nürnberger und Heidelberger Schriften 1808–1817 (Werkausgabe; Bd. 4), Frankfurt/M. 1986b, 122, § 39.

[62] Ders., Phänomenologie des Geistes, hg. von Johannes Hoffmeister, Hamburg 1952, 140, 141, 146.

Sartre hat gegen diese Erklärung zwei berühmte Einwände erhoben: Zunächst ist es ganz uneinsichtig, dass ein Subjekt aus einem Reflex lernt, dass dieser Reflex es selbst ist. Zu dieser Einsicht wäre es nur ermächtigt durch eine prä-reflexive und un-gegenständliche Vertrautheit mit sich, die Hegel emphatisch ablehnt. Es fehlt, wie Sartre sagt, »das gemeinsame Maß zwischen Objekt und Subjekt«.[63] Aus dem Objekt-Sein kann ich nie erfahren, dass dieses Objekt ich selbst bin: »Être objet c'est n'être pas moi.«[64] Andererseits ist dasjenige, was Hegel als das Ziel des Anerkennungskampfes beschreibt, gerade nicht mein individuelles, sondern das »allgemeine Selbstbewußtsein«, in dessen ›inhaltsloser‹ Identität alle Spuren der Individuation getilgt sind.[65] So aber kann ich mich wieder nicht als den erkennen, der ich an mir selber bin: Denn ich bin weder ein inhaltslos Allgemeines noch auch die fremde individuierte Person, in der ich mich spiegle (und der ich nach dem Leben trachte).[66] So enthüllt sich die verkappte Theologie hinter Hegels Theorem von Herrschaft und Knechtschaft: Der Herr, der den Tod nicht scheut, kann wissen, dass er nichts zu scheuen hat; denn er vollzieht im Tode nur den vermittelnden Übergang in die konkrete Ewigkeit der ›Vernunft‹ als in seine Wahrheit oder eigentliche Heimat. Auf dieser Stufe von Selbstreflexion hat er den einzelnen Objekt-Anderen, der ihm sein (individuelles) Einzel-Selbst zurückspiegelt, nicht mehr nötig. Er hat »die Mitte erreicht [...], welche es dem unwandelbaren Bewußtsein ausspricht, daß das Einzelne auf sich Verzicht getan, und dem Einzelnen, daß das Unwandelbare kein Extrem mehr für es, sondern mit ihm versöhnt ist«.[67]

Diese Konsequenz ist unhaltbar, und nicht nur wegen der Verdrängung ihrer Ermöglichungsbedingung. Es stimmt einfach nicht zur phänomenologisch ausweisbaren Seinsart von Bewusstsein, dass seine Identität mit seinem Gegenstand – wenn dergleichen Rede überhaupt sinnvoll wäre – von einer Blickwarte aus bezeugt werden kann, die *»mich nicht [ihrerseits] in dem, was ich bin, be-*

---

[63] Sartre (1943) 299.

[64] Ebd., 298.

[65] Hegel (1986b), 117, §22f.; 122, §122; 10, 213, §424; 228, §438; Hegel (1952) 175.

[66] Sartre (1943) 299f.

[67] Hegel (1952), 175.

stätigt und das Problem von anderwem von diesem meinem Sein
aus stellt. Mit einem Wort: der einzig sichere Ausgangspunkt ist die
Innerlichkeit des *cogito*«.[68]

Die aber muss keineswegs befürchten, an der »Klippe des Solipsismus«[69]zu scheitern. In seinem Vortrag vor der Französischen
Philosophie-Gesellschaft 1947 hatte Sartre gesagt: »Autrui doit être
certain ou disparaître.«[70] Die Lösung: Scham und Stolz sind Emo-
tionen, von denen ich ein cartesianisches Bewusstsein habe, die
aber nur in einem Subjekt aufkommen könnten, das sich in seinem
Kern als fremdbeobachtet weiß.[71] Sartres spätere Sozialtheorie führt
diesen Gedanken nur gründlich aus.[72] Er bemüht, wohlbemerkt,
kein Apriori-Argument wie Tugendhat und Habermas, sondern
hält selbstbewusste Subjektivität – eigene wie fremde – für kontin-
gent. Das beeinträchtigt aber nicht die Gewissheit beider, wie schon
Leibniz wusste.[73]

IV.

Was geht uns Subjektivität an, dass wir uns mit ihr beschäftigen sollen? So könnte man abschließend fragen – und die Frage als typisch
unnütze Philosophenfrage abtun.

Das war aber nicht die Ansicht des sterbenden Iwan Iljitsch in
Tolstojs berühmter Novelle. Als er, schon im Blick auf den nahen-
den Tod, in Kiesewetters *Logik* liest, stößt er auf den klassischen
Syllogismus *modo ponente*: ›Alle Menschen sind sterblich. Cäsar ist
ein Mensch. Also ist Cäsar sterblich.‹ Der Satz ergreift ihn mit großer Kraft, weil er als Beamter niemals die Kraft der Evidenz erlebt
hat. Aber dann durchzuckt ihn der Schreck: ›Ich selbst bin ja Cäsar.‹

Ebenso wenig wie Iwan Iljitsch wird ein tödlich hirnkranker
Mensch, dem man einen Austausch seines Hirns anbietet, den
Handel als Erlösung oder Rettung ansehen. Wir halten lieber un-

---

[68] Sartre (1943) 300.

[69] Ebd., 277.

[70] Sartre (1947) 369.

[71] Sartre (1943) 283.

[72] J.-P. Sartre, »L'espoir maintenant. Entretien avec Benny Lévy«, in: *Le
Nouvel Observateur*, N°. 800 du 10 au 16 mars 1980, 18 f., 56 ff.; 1985.

[73] G. W. Leibniz, *PS* 3.2, 366, 428.

ter Inkaufnahme der Pein des erbärmlichsten Sterbens an unserem theoretisch angeblich so gleichgültigen Selbstbewusstsein fest, als uns unser Selbst enteignen, entfremden oder in einen Gegenstand verwandeln zu lassen. Die »Jemeinigkeit«, von der Heidegger in den §§ 9–11 des I. Teils von *Sein und Zeit* handelt, leuchtet plötzlich als ultimativer, unverhandelbarer Selbstwert ein. Dichter haben dem oft Ausdruck verliehen: »O Herr, gib jedem seinen eignen Tod …«[74]

So kommen wir am Ende auf die Individualität zurück, die wir weiter oben unter den Varietäten der Subjektivität verworfen hatten. Aber was die Jemeinigkeit zu einem letzten, unverhandelbaren Wert macht, das ist eben jene unscheinbare Formkomponente, die wir ›Vertrautheit‹ genannt hatten und in der das innerste Wesen der Subjektivität besteht.

[74] R. M. Rilke, *Sämtliche Werke in zwölf Bänden*, Frankfurt a. M. 1976, I, 348.

Tobias Rosefeldt

Zwei Regresse des Selbstbewusstseins bei Fichte
Eine Skizze

Fichte gilt heute vielen als Entdecker einer fundamentalen Schwierigkeit bei der Erklärung der begrifflichen und epistemischen Struktur von Selbstbewusstsein. Diese Schwierigkeit soll – sehr allgemein gesprochen – darin bestehen, dass ein bestimmtes Modell repräsentationaler Bezugnahme auf Gegenstände zwar angemessen ist, den Bezug auf Gegenstände zu erklären, die von uns selbst verschieden sind, aber nicht dazu taugt, verständlich zu machen, wie wir uns *auf uns selbst* beziehen können, oder besser: wie wir uns auf uns selbst *als auf uns selbst* beziehen können, d. h. so, dass wir dabei zugleich wissen, dass wir selbst es sind, auf die wir uns beziehen. Um das zu erklären, so die These, müssen wir eine besondere Form des nicht vergegenständlichenden Bewusstseins von uns selbst voraussetzen, das allem reflexiven Selbstbezug zu Grunde liegt und für das Fichte manchmal den Ausdruck »intellektuelle Anschauung« verwendet. Worin die von Fichte vermeintlich entdeckte Schwierigkeit genau besteht, was intellektuelle (Selbst-)Anschauung ist und ob deren Einführung ein Problem zu lösen hilft, das unabhängig vom historischen Kontext des Fichte'schen Philosophierens auch noch heutige Theorien der Intentionalität vor schwerwiegende Probleme stellt, dazu gibt es, spätestens seit Dieter Henrichs bahnbrechender Arbeit *Fichtes ursprüngliche Einsicht*, eine umfangreiche Debatte, auf die ich im Rahmen dieses Beitrags nur sehr sporadisch eingehen kann.[1] Das Ziel der vorliegenden Skizze ist vor diesem

---

[1] Vgl. z. B. Dieter Henrich, Fichtes ursprüngliche Einsicht, Frankfurt a. M. 1967; Ulrich Pothast, Über einige Fragen der Selbstbeziehung. Frankfurt a. M. 1971; Robert Nozick, Philosophical Explanations. Oxford 1981; Manfred Frank, Selbstbewusstsein und Selbsterkenntnis, Stuttgart 1991; Tobias Rosefeldt, »Sich setzen, oder: was ist eigentlich das Besondere an Selbstbewusstsein? John Perry hilft, eine Debatte zwischen Henrich und Tugendhat zu klären«; in: Zeitschrift für philosophische Forschung 54 (2000) 3, 424–444; Christian Klotz, Selbstbewußtsein und praktische Identität. Eine Untersuchung über Fichtes Wissenschaftslehre nova methodo, Frankfurt a. M. 2002; Stefan Lang,

Hintergrund ein bescheidenes: Ich möchte zeigen, dass man die von Fichte diagnostizierte Schwierigkeit in der Form, in der er sie zum Zeitpunkt seiner Vorlesungsreihe zur Wissenschaftslehre *nova methodo* entwickelt, am besten als Regressproblem verstehen sollte und die Einführung einer intellektuellen Anschauung als Regressblocker, den wir annehmen dürfen, weil der aufgewiesene Regress nicht akzeptabel ist. Zudem möchte ich zeigen, dass sich auf der Grundlage von Fichtes Text eigentlich zwei Regresse in der Erklärung von Selbstbewusstsein und zwei Überlegungen zu ihrer Vermeidung rekonstruieren lassen, die beide als Kandidaten für das, was Fichte im Sinn gehabt haben mag, in Frage kommen. Ich werde ferner auf die Frage eingehen, wie überzeugend Fichtes Argument in der jeweiligen Lesart ist und welche Vorannahmen man jeweils machen muss, um es schlüssig zu finden. Da Fichte selbst das Problem des Selbstbewusstseins als eines angesehen hat, an dem ein orthodoxer Kantianismus scheitern muss, werde ich meine kritische Einschätzung teilweise aus ›kantianischer Perspektive‹ vornehmen, d. h. überlegen, wie Kant den von Fichte aufgeworfenen Schwierigkeiten im Rahmen seines Systems begegnen könnte.

Als Haupttext wird mir eine Passage aus dem Fragment *Versuch einer neuen Darstellung der Wissenschaftslehre* dienen. Der erste Teil von Fichtes Argumentation für die Notwendigkeit einer intellektuellen Anschauung für die Möglichkeit von Selbstbewusstsein lautet dort wie folgt:

> »Indem du irgend eines Gegenstandes – es sey derselbe die gegenüberstehende Wand – dir bewusst bist, bist du dir, wie du eben zugestanden, eigentlich deines Denkens dieser Wand bewusst, und nur inwiefern du dessen dir bewusst bist, ist ein Bewusstseyn der Wand möglich. Aber um deines Denkens dir bewusst zu seyn, musst du deiner selbst dir bewusst seyn. – *Du* bist – *deiner* dir bewusst, sagst du; du unterscheidest sonach nothwendig dein *denkendes* Ich von dem im Denken desselben *gedachten* Ich. Aber damit du dies könnest, muß abermals das Denkende in jenem Denken *Object* eines höhern Denkens seyn, um Object des Bewusstseyns seyn zu können; und du erhältst zugleich ein neues *Subject*, welches dessen, das vorhin das

Spontaneität des Selbst, Göttingen 2010; Christina Musholt, Thinking about oneself. From nonconceptual content to the concept of a self, Cambridge 2015.

Selbstbewusst*seyn* war, sich wieder bewusst sey. Hier argumentiere ich nun abermals, wie vorher; und nachdem wir einmal nach diesem Gesetze fortzuschließen angefangen haben, kannst du mir nirgends eine Stelle nachweisen, wo wir aufhören sollten; wir werden sonach ins unendliche fort für jedes Bewusstseyn ein neues Bewusstseyn bedürfen, dessen Object das erstere sey, und sonach nie dazu kommen, ein wirkliches Bewusstseyn annehmen zu können. – Du bist dir deiner, als des Bewussten, bewusst, lediglich inwiefern du dir deiner als des Bewusstseyenden bewusst bist: aber dann ist das Bewusstseyende wieder das Bewusste, und du musst wieder des Bewusstseyenden dieses Bewussten dir bewusst werden, und so ins unendliche fort: und so magst du sehen, wie du zu einem ersten Bewusstseyn kommst. Kurz; auf diese Weise lässt das Bewusstseyn sich schlechthin nicht erklären. […]« (FGA I,4: 274–275)

Diesem negativen Teil der Argumentation, der deutlich macht, wie Selbstbewusstsein nicht verstanden werden kann, folgt das positive Modell der Erklärung von Selbstbewusstsein, das in der Einführung des Begriffs der intellektuellen Anschauung endet:

»Wie kamst du nun zu diesem Bewusstseyn deines Denkens? Du wirst mir antworten: ich wusste es unmittelbar. Das Bewusstseyn meines Denkens ist meinem Denken nicht etwa ein zufälliges, erst hinterher dazu gesetztes, und damit verknüpftes, sondern es ist von ihm unabtrennlich. – So wirst du antworten, und musst du antworten; denn du vermagst dir dein Denken ohne ein Bewusstseyn desselben gar nicht zu denken. Zuförderst also hätten wir ein solches Bewusstseyn gefunden, wie wir es so eben suchten; ein Bewusstseyn, in welchem das Subjective und Objective unmittelbar vereinigt ist. Das Bewusstseyn unsers eignen Denkens ist dieses Bewusstseyn. – Dann, du bist deines Denkens unmittelbar dir bewusst; wie stellst du dies dir vor? Offenbar nicht anders, als so: deine innere Thätigkeit, die auf etwas außer ihr (auf das Object des Denkens,) geht, geht zugleich in sich selbst, und auf sich selbst. Aber durch in sich zurückgehende Thätigkeit entsteht uns, nach obigem, das Ich. […] Nun ist hier von keinem andern Seyn des Ich die Rede, als von dem in der beschriebenen SelbstAnschauung; oder, noch strenger ausgedrückt, von dem Seyn dieser Anschauung selbst. Ich bin diese Anschauung und schlechthin nichts weiter, und diese Anschauung selbst ist Ich. […] Also – die Intelligenz schaut sich selbst an, bloß als Intelligenz oder als reine Intelligenz, und in dieser SelbstAnschauung eben besteht ihr Wesen. Diese Anschauung wird sonach mit Recht, falls es etwa noch eine andere Art der Anschauung geben sollte, zum Unterschiede von der letztern *intellectuelle* Anschauung genannt.« (FGA I,4: 276–278)

Fichtes hier angestellte Überlegungen haben die Form eines transzendentalen Arguments, das die Bedingungen der Möglichkeit bestimmter, als gewiss angenommener Aspekte von Selbstbewusstsein aufzudecken beansprucht. Dabei spielt offensichtlich die argumentative Figur der Vermeidung eines Erklärungsregresses eine wichtige Rolle: Intellektuelle Anschauung soll deswegen konstitutiv für die Möglichkeit von Selbstbewusstsein sein, weil sich ohne sie eine besondere Form des Regresses in der Erklärung von Selbstbewusstsein ergeben würde und wir »ins unendliche fort für jedes Bewusstseyn ein neues Bewusstseyn« benötigten. Aber wie genau ergibt sich dieser Regress und was muss intellektuelle Anschauung sein, damit sie ihn zu vermeiden hilft? Wie ich im Folgenden zeigen möchte, lassen die zitierten Passagen zwei sehr unterschiedliche Interpretationen zu, mit denen zwei verschiedenen Antworten auf diese Fragen einhergehen.

1. Der Regress auf der Grundlage des Begriffs des Bewusstseins

Die erste Lesart des Regressvorwurfs nimmt ihren Ausgang vom ersten Satz der ersten Passage, d. h. von der Behauptung, dass sich jemand, der sich eines Gegenstandes wie etwa einer betrachteten Wand bewusst ist, auch des Bewusstseins von dieser Wand bewusst ist. Auf Gegenstände gerichtete Bewusstseinsakte, also Akte, die uns diese Gegenstände zu Bewusstsein bringen, sind selber bewusst – so könnte man diese Behauptung auf den Punkt bringen. Zu einem Regress führt diese Behauptung dann, wenn wir annehmen, dass etwas nur dadurch bewusst sein kann, dass es seinerseits Gegenstand eines Bewusstseinsakts ist. Fassen wir diese beiden Annahmen folgendermaßen zusammen:

(A1) Jeder auf ein Objekt gerichtete Bewusstseinsakt ist bewusst.

(A2) Bewusst ist etwas nur dadurch, dass es Objekt eines Bewusstseinsakts ist.

Es ist leicht zu sehen, wie sich mit Hilfe dieser beiden Annahmen ausgehend von der Behauptung eines bewussten Bezugs auf einen beliebigen Gegenstand ein Regress erzeugen lässt:

(1) Es gibt einen Bewusstseinsakt B(W), der auf die Wand gerichtet ist.

(2) B(W) ist Gegenstand eines Bewusstseinsakts B(B(W)) [aus A1 und A2]

(3) B(B(W)) ist Gegenstand eines Bewusstseinsakts B(B(B(W))) [aus A1 und A2]

(4) usw.

Dieser Regress ist nicht deswegen unakzeptabel, weil er beinhaltet, dass wir in der Erklärung der Möglichkeit eines bestimmten Bewusstseinsakts nie an ein Ende kommen. Dieser Konsequenz könnte man vielleicht noch mit allgemeinen Überlegungen zur Nicht-Abschließbarkeit von Erklärungen begegnen. Er ist inakzeptabel, weil er das tatsächliche Vorliegen unendlich komplexer Bewusstseinsakte zu einer Bedingung des Vorliegens jedes wirklichen Falles von Bewusstsein machen würde. Wir würden, wie Fichte schreibt, »ins unendliche fort für jedes Bewusstseyn ein neues Bewusstseyn bedürfen, dessen Object das erstere sey, und sonach nie dazu kommen, ein wirkliches Bewusstseyn annehmen zu können«. Um Fichtes Reaktion auf das in dieser Form rekonstruierte Regressproblem zu verstehen, ist es hilfreich, einen kurzen Ausflug in die Philosophie des 20. Jahrhunderts zu machen. In der Einleitung von Jean-Paul Sartres *Das Sein und das Nichts* findet sich genau die Regressüberlegung, die wir hier als erste Rekonstruktion von Fichtes Argument vorgestellt haben. Sartre argumentiert, dass das auf einen Gegenstand gerichtete Bewusstsein selbst bewusst sein muss und dass wir in einen infiniten Regress geraten würden, wenn wir dieses Bewusstsein vom Bewusstsein nicht anders denn als neuen, auf das Bewusstsein gerichteten Bewusstseinsakt verstehen könnten.[2] Er zieht daraus die folgende Konsequenz:

---

[2] Vgl. Jean-Paul Sartre, Das Sein und das Nichts. Versuch einer phänomenologischen Ontologie, hg. von Traugott König, übersetzt von Hans Schöneberg und Traugott König, Hamburg 1991, 20 f.

»Das Bewusstsein von sich ist nicht paarig. Wenn wir den infiniten Regreß vermeiden wollen, muß es unmittelbarer und nicht kognitiver Bezug von sich zu sich sein. [...] Mit anderen Worten, jedes objektsetzende Bewußtsein ist gleichzeitig nicht-setzendes Bewußtsein von sich selbst. [...] So hat die Reflexion keinerlei Primat gegenüber dem reflektierten Bewußtsein: dieses wird sich selbst nicht durch jene offenbart. Ganz im Gegenteil, das nicht-reflexive Bewußtsein ermöglicht erst die Reflexion: es gibt ein präreflexives Cogito, das die Bedingung des kartesianischen Cogito ist.« (Sartre [1991], 21 f.)

Sartre unterscheidet also zwischen »setzendem«, d. h. auf einen Gegenstand gerichtetem Bewusstsein, und nicht-setzendem, gegenstandslosem Bewusstsein. Seine These ist, dass es neben setzendem Selbstbewusstsein, in dem das eigene Bewusstsein zum Gegenstand wird, auch nicht-setzendes, präreflexives Bewusstsein vom eigenen Bewusstsein geben muss, damit der Regress verhindert werden kann. Im Rahmen der oben gegebenen Rekonstruktion des Regresses lässt sich das am besten dadurch darstellen, dass man die Unterscheidung zwischen setzendem und nicht-setzendem Bewusstsein nutzt, um die beiden Annahmen (A1) und (A2) wie folgt zu modifizieren:

(A1$_{Sartre}$) Jeder auf ein Objekt gerichtete Bewusstseinsakt ist bewusst *im Modus nicht-setzenden Bewusstseins.*

(A2$_{Sartre}$) Bewusst *im Modus des setzenden Bewusstseins* ist etwas nur dadurch, dass es Objekt eines Bewusstseinsakts ist.

Es ist klar, dass unter Voraussetzung dieser beiden modifizierten Annahmen schon der obige Schritt von (1) zu (2) nicht mehr zwingend ist. Zudem scheint Sartre der Meinung zu sein, dass auch kein analoger Regress droht. Das wäre dann der Fall, wenn man annehmen würde, dass nicht-setzendes Bewusstsein im Fokus eines weiteren – sei es setzenden oder nicht-setzenden – Bewusstseins stehen müsste, um seinerseits bewusst zu sein. Aber diese Annahme scheint Sartre nicht zu machen.

Der Exkurs zu Sartre scheint mir deswegen für das Verständnis von Fichtes Position erhellend zu sein, weil Fichte gerade nicht Sartres Lösung des Regressproblems wählt. Zwar charakterisiert Fichte das, was er »intellektuelle Anschauung« nennt, wie Sartre das präreflexive Selbstbewusstsein als Bewusstsein, das »unmittelbar« ist und bei dem »Subjekt und Objekt vereint« sind. Die Merkmale

»nicht-setzend«, »gegenstandlos« oder »präreflexiv«, die bei Sartre entscheidend für die Vermeidung des Regresses sind, finden sich dagegen in Fichtes Charakterisierung intellektueller Anschauung nicht. Ganz im Gegenteil: Fichte ist der Meinung, dass sich das Bewusstsein in der intellektuellen Anschauung selbst Gegenstand ist. Das wird schon in der zweiten der oben zitierten Passagen deutlich, wo Fichte davon spricht, dass die »innere Thätigkeit, die auf etwas außer ihr (auf das Object des Denkens,) geht, [...] zugleich in sich selbst, und auf sich selbst [geht]«. Diese Passage spricht zumindest dann dafür, dass unmittelbares Selbstbewusstsein setzendes, d. h. auf einen Gegenstand gerichtetes Bewusstsein ist, wenn man die Rede davon, dass eine geistige Tätigkeit »auf etwas geht«, dahingehend versteht, dass diese Tätigkeit intentional auf etwas gerichtet ist. Noch unmissverständlicher sind Passagen wie die folgenden:

> »Dieses unmittelbare Bewusstseyn ist die so eben beschriebene Anschauung des Ich; in ihr setzt das Ich sich selbst nothwendig, und ist sonach das Subjective und Objective in Einem.« (FGA I,4: 277)

> »In und mit dem Denken wurde ich mir des Denkens bewust, das heißt ich setze mich als ⟨im Denken⟩ handelnd. Also auch in diesem Bewustsein setzte ich mich selbst als Subject und Object daßelbe, und dadurch erhielten wir das unmittelbare Bewustsein, das wir suchten.« (FGA IV, 3: 346 Anm.)

> »Das Ich ist gar nicht Subject, sondern Subject=Object; sollte es bloß Subject sein, so fällt man in d[ie] Unbegreifl[ichkeit] des Bewußtseins, soll es bloß Object sein, so wird man getrieben, ein ⟨Subjekt⟩ auser ihm zu suchen, das man nie finden wird. [...] Das Ich setzt sich schlechthin, daß es sich im unmittelbaren Bewustsein als Subjectobject setze, ist unmittelbar [...].« (FGA IV,3: 346 f.)

Es kann kein Zweifel daran bestehen: Für Fichte ist anders als für Sartre auch unmittelbares Selbstbewusstsein *setzendes*, d. h. auf einen Gegenstand gerichtetes Bewusstsein. Der Fehler, den er kritisiert, besteht allein darin, Selbstbewusstsein dadurch konstituiert zu sehen, dass das Bewusstsein *bloß* Objekt von Bewusstsein ist. Es muss vielmehr im Selbstbewusstsein als ein »Subjekt-Objekt« verstanden werden, und was auch immer das heißen mag, es scheint zu implizieren, dass das Bewusstsein in diesem Fall zumindest *auch* Objekt für sich selbst ist.

Ich denke, dass man Fichtes Rede vom Subjekt-Objekt und der notwendigen Unmittelbarkeit des Selbstbewusstseins am besten dahingehend verstehen sollte, dass Bewusstseinsakte nicht dadurch bewusst sind, dass sie Gegenstände jeweils *anderer* Bewusstseinsakte sind, sondern dadurch, dass sie sich selbst zum Gegenstand haben. In der obigen Darstellung des Regresses war im Schritt von (1) zu (2) implizit davon ausgegangen worden, dass der Bewusstseinsakt, der auf das Wandbewusstsein B(W) gerichtet ist und diesem Bewusstheit verschafft, ein von B(W) verschiedener Bewusstseinsakt B(B(W)) ist. Wenn man mit Fichte annimmt, dass es »ein Bewusstseyn [gibt], in welchem das Subjective und Objective unmittelbar vereinigt ist«, d. h. in welchem der Bewusstseinsakt, durch den etwas zu Bewusstsein kommt, identisch ist mit dem Bewusstseinsakt, der dadurch zu Bewusstsein kommt, dann ist diese implizit gemachte Annahme vermeidbar. Nehmen wir an, der auf die Wand gerichtete Bewusstseinsakt hat nicht nur die Wand, sondern zugleich auch sich selbst zum Gegenstand. Dann ist den beiden Annahmen (A1) und (A2) genüge getan, ohne dass es, abgesehen von diesem Bewusstseinsakt selbst, noch irgendeinen weiteren Bewusstseinsakt geben müsste, der ihm die Bewusstheit verschafft.

Es ist wichtig, die Behauptung, dass Bewusstseinsakte außer dem Gegenstand, auf den sie gerichtet sind, auch sich selbst zum Gegenstand haben, nicht so zu verstehen, dass das Problem, das durch diese Annahme vermieden werden sollte, in neuem Gewande wiederkehrt. Das wäre zum Beispiel dann der Fall, wenn man annähme, dass der auf die Wand gerichtete Akt nicht nur die Wand, sondern zudem auch das Bewusstsein von der Wand zum Gegenstand hätte, d. h. von der Form B(W, B(W)) wäre. Ein so verfasster Bewusstseinsakt würde nämlich zwar sowohl die Wand als auch das Bewusstsein von der Wand zu Bewusstsein bringen, er selbst – d. h. der Akt, der diese beiden Dinge zu Bewusstsein bringt – wäre dadurch aber noch nicht zu Bewusstsein gebracht. Gegenstand des postulierten Akts dürfen also nicht nur die Wand und das Wandbewusstsein, sondern müssen die Wand und der *gesamte* Akt, der die Wand und sich selbst zum Gegenstand hat, sein. Ich wähle dafür die Notation »B(W, $\cap$)«. Das Symbol »$\cap$« steht dabei für denjenigen Aspekt von Bewusstsein, den Fichte als »intellektuelle Anschauung« oder »unmittelbares Bewusstseyn, in welchem Subjectives und

Objectives schlechthin Eins seyen« (FGA I,4: 276), bezeichnet und der ihm zufolge in jedem Bewusstseinsakt präsent ist, also immer dann wenn wir »irgend ein Objectives, welches auch ich selbst, als bloßes Object, seyn kann« (ebd.) setzen. Im Rahmen der im Moment vorgestellten Rekonstruktion würde man die letzte Formulierung dahingehend deuten, dass auch Fälle expliziter Reflexion, in denen sich die Aufmerksamkeit zum Beispiel weg von der Wand und hin auf das eigene Bewusstsein von der Wand richtet, die eben genannte Struktur haben, d. h. als »B(B(W), $\cap$)« symbolisiert werden müssten.

Man kann gegen Fichtes Argumentation in dieser Rekonstruktion sicher den Einwand erheben, dass unklar bleibt, wie die genannte Form der Selbstthematisierung eines Bewusstseinsakts möglich sein soll. Allerdings scheint diese *Wie*-ist-das-möglich-Frage gar nicht die zu sein, um die es Fichte geht. Sein Anliegen scheint vielmehr zu sein, zu zeigen, *dass* die genannte Form der Selbstthematisierung von Bewusstseinsakten wirklich sein muss, damit es überhaupt Bewusstsein geben kann. Es gibt allerdings noch zwei weitere Einwände gegen die genannte Rekonstruktion, einen sachlichen und einen exegetischen.

Der sachliche Einwand lautet: Das Problem, das Fichte laut der ersten Rekonstruktion konstruiert und durch seine Konzeption intellektueller Anschauung zu lösen vorgibt, ist ein Scheinproblem und resultiert allein aus der Einführung eines so vagen wie missverständlichen Bewusstseinsbegriffs, der ein zur Beschreibung unserer geistigen Zustände und Handlungen ungeeignetes philosophisches Kunstprodukt ist. Die Gedankenfigur »Bewusstsein von einem Gegenstand ist selber bewusst und muss also Gegenstand eines (weiteren) Bewusstseinsakts sein« impliziert zwei alles andere als alternativlose Vorannahmen. Die erste Annahme lautet, dass unsere geistigen Zustände und Handlungen primär auf Gegenstände gerichtet sind und nicht etwa als propositionale Einstellungen verstanden werden können. (Fichte spricht davon, dass wir »die Wand denken«, statt davon, dass wir denken, dass da eine Wand ist.)[3] Die zweite Annahme ist, dass die für Selbstbewusstsein relevan-

---

[3] Vgl. dazu die Kritik in Ernst Tugendhat, Selbstbewußtsein und Selbstbestimmung, Frankfurt a. M. 1979.

ten mentalen Zustände durchweg als ereignis- und erlebnisartige okkurrente Zustände verstanden werden müssen. Der Rückgriff auf dispositionale Zustände wie Überzeugungen oder Wissen scheint dabei keine Option zu sein. Gibt man diese beiden Annahmen auf, kann man das fichtesche Prinzip (A1) zum Beispiel durch die folgende Alternative ersetzen:

(A1*) Immer wenn jemand einen auf ein Objekt gerichteten Bewusstseinsakt B vollzieht, glaubt er, dass er B vollzieht.

Dass es sich bei B um eine bewusste mentale Handlung handelt, wird hier im Sinne der Annahme verstanden, dass man B nicht vollziehen kann, ohne zu glauben (oder vielleicht auch: zu wissen), dass man B vollzieht. Dieses Glauben muss nun aber keineswegs wieder als okkurrenter Bewusstseinszustand verstanden werden, für dessen Existenz dieselben Bedingungen gelten wie für B selbst. Glauben ist etwas Dispositionales und muss nicht als Bewusstseinsakt verstanden werden, d. h. auch nicht als einer, der – wie Fichtes Prinzip (A2) das annimmt – B als sein bewusstes intentionales Objekt hat.

Man kann den wesentlichen Punkt dieses Einwands auch ohne einen Rekurs auf dispositionale propositionale Einstellungen wie die des Glaubens formulieren, und damit näher an der Terminologie von Fichtes Zeit bleiben. Kant nimmt bekanntlich an, dass sich Subjekte aller ihrer bewussten mentalen Zustände in dem Sinne bewusst sind, dass sie diese jeder Zeit »mit dem ›Ich denke‹ begleiten«, d. h. sich selbst zuschreiben können (vgl. KrV B 131 f.). Kant macht explizit deutlich, dass das nicht bedeutet, dass alle bewussten mentalen Zustände tatsächlich mit dem Gedanken »Ich denke« begleitet werden (vgl. z. B. KrV A 117 f. Anm.). Er würde Fichtes Annahme (A2) also in der folgenden Variante zustimmen:

(A2*) Bewusst ist ein Bewusstseinsakt nur dann, wenn er mit dem Bewusstseinsakt »Ich denke« begleitet werden kann.

Mit Hilfe von (A2*) lässt sich allerdings kein Regress erzeugen. Die unannehmbare Konsequenz von Fichtes Überlegung war, dass wir die *Wirklichkeit* unendlich komplexer Bewusstseinszustände annehmen müssten, um zu erklären, dass es überhaupt Bewusstsein geben kann. Mit Hilfe von (A2*) können wir nur folgern, dass es unendlich komplexe *Möglichkeiten* des Bewusstseins von etwas geben muss. Wenn jemand tatsächlich an eine Wand denkt, dann muss es möglich sein, dass er denkt, dass er an eine Wand denkt; wenn er tatsächlich denken sollte, dass er an eine Wand denkt, dann muss es möglich sein, dass er denkt, dass er denkt, dass er an eine Wand denkt; usw. All das kann der Fall sein, ohne dass man beim Denken an die Wand tatsächlich einen einzigen höherstufigen Bewusstseinsakt vollziehen muss. Strukturell erinnert die kantische Lösung an diejenige von Sartre, weil das Bewusstsein, in dessen Fokus das Bewusstsein von der Wand stehen muss, um überhaupt Bewusstsein zu sein, nicht von der selben Art ist wie das Wandbewusstsein selbst. Aber anders als bei Sartre zeichnet sich dieses zusätzliche Bewusstsein nicht dadurch aus, nicht auf einen Gegenstand gerichtet (d. h. nicht-setzend) zu sein, sondern dadurch, nur potentiell und nicht aktual zu sein.

Neben dem eben genannten sachlichen Problem ist die erste Rekonstruktion von Fichtes Regressüberlegung auch mit einem exegetischen Einwand konfrontiert. Er lautet, dass die Rekonstruktion nicht hinreichend berücksichtigt, dass für Fichte der Regress dadurch entsteht, dass man unter Voraussetzung eines eingeschränkten Modells von Bewusstsein versucht, Bewusstsein von sich selbst *als dem Subjekt des Bewusstseins* zu erklären. Gleich der zweite Satz der eingangs zitierten Passage macht das deutlich: »Aber um deines Denkens dir bewusst zu seyn, musst du deiner selbst dir bewusst seyn. – *Du* bist – *deiner* dir bewusst, sagst du; du unterscheidest sonach nothwendig dein *denkendes* Ich von dem im Denken desselben *gedachten* Ich.« Hier geht es offensichtlich um mehr als die Schwierigkeit, die Möglichkeit der Bewusstheit von auf Gegenstände gerichteten Bewusstseinsakten zu erklären. Es geht darum, zu erklären, wie es möglich ist, ein Bewusstsein von sich selbst als dem Subjekt solcher Akte zu erlangen. Ich werde im folgenden Abschnitt eine Rekonstruktion des Regresses vorschlagen, die diesem Aspekt bei Fichte besser gerecht wird. Wie sich zeigen wird, erlaubt die Rekonstruktion zudem, den Grundgedanken der ersten Rekonstruktion zu integrieren, und liefert darüber hinaus sogar einen Ansatzpunkt, wie man diese gegen den sachlichen Einwand verteidigen kann, den ich hier gegen sie erhoben habe.

2. Der Regress auf der Grundlage des Begriffs des Ichs

Die zweite Rekonstruktion des Regresses steht in der Tradition all jener Interpretationen, die in Fichtes Überlegungen eine frühe Version der Argumente für die Irreduzibilität von sog. De-se-Überzeugungen sehen, Überzeugungen also, die derjenige, der sie hat, nicht anders als mit Hilfe des Pronomens der ersten Person ausdrücken kann. Die Grundidee der Rekonstruktion lautet, dass Fichte darauf aufmerksam machen will, dass sich der durch das Wort »ich« ausgedrückte geistige Gehalt nicht auf Gehalte reduzieren lässt, die Einstellungen zu Gegenständen zum Ausdruck bringen, die nicht ›ich-haft‹ sind.

Die im vorigen Abschnitt zuletzt zitierte Passage geht folgendermaßen weiter:

> »*Du* bist – *deiner* dir bewusst, sagst du; du unterscheidest sonach nothwendig dein *denkendes* Ich von dem im Denken desselben *gedachten* Ich. Aber damit du dies könnest, muß abermals das Denkende in jenem Denken *Object* eines höhern Denkens seyn, um Object des Bewusstseyns seyn zu können; und du erhältst zugleich ein neues *Subject*, welches dessen, das vorhin das Selbstbewusst*seyn* war, sich wieder bewusst sey.« (FGA I,4: 275)

Die Einführung immer neuer höherstufiger Denkakte scheint hier nicht bei dem Versuch einer Erklärung von Bewusstsein zu geschehen, sondern bei dem Versuch, nachzuvollziehen, was der Fall sein muss, damit sich jemand als des Subjektes seines Denkens bewusst werden kann. Man kann sich Fichtes Überlegung anhand des folgenden Versuchs eines Subjekts S, Selbstbewusstsein zu erlangen, verdeutlichen. Nehmen wir an, S hat zuerst den folgenden Gedanken:

G_1: ›Dort ist eine Wand.‹

Gedanke G_1 handelt von einer Wand, ist also kein Kandidat für einen Fall von Selbstbewusstsein. Das ändert sich im Fall von Gedanke G_2:

G_2: ›Es gibt ein Subjekt, das denkt, dass dort eine Wand ist.‹

G_2 ist insofern *prima facie* ein Kandidat für einen Fall von Selbstbewusstsein, als G_2 erstens ein Gedanke über ein Subjekt eines Gedankens (nämlich über das von G_1) ist und dieses Subjekt zweitens *de facto* mit dem Subjekt identisch ist, das G_2 hat (nämlich mit *S*). In G_2 wird das Subjekt allerdings nicht *als* ein Subjekt von G_2 thematisiert. Dies geschieht erst in G_3:

G_3: ›Es gibt ein Subjekt, das denkt, dass es denkt, dass dort eine Wand ist.‹

Anders als G_2 handelt G_3 explizit vom Subjekt von G_2. Allerdings wird in G_3 das Subjekt von G_2 nun wiederum nicht *als* das Subjekt von G_3 thematisiert, selbst wenn es mit diesem wieder *de facto* identisch sein mag. Es ist leicht zu sehen, dass sich mit Hilfe der begrifflichen Mittel, die in Gedanken wie G_1 bis G_3 zum Einsatz kommen, nie ein Gedanke bilden lässt, in dem ein Subjekt als Subjekt eben dieses Gedankens selbst repräsentiert wird, und dass man dies auch dadurch nicht ändern kann, dass man andere repräsentationale Mittel ins Spiel bringt, die uns primär dazu dienen, auf von uns verschiedene Objekte Bezug zu nehmen.

Sollte es der zuletzt genannte Punkt sein, auf den Fichte mit seinen Überlegungen zum Regress beim Versuch, Selbstbewusstsein zu erlangen, hinweisen wollte, stellt sich allerdings die Frage, was denn so schlimm daran ist, dass der Versuch, das Subjekt eines Gedankens G_n zu thematisieren, einen neuen Gedanken G_{n+1} hervorbringt, dessen Subjekt wiederum als solches erst in einem weiteren Gedanken G_{n+2} thematisiert werden kann. Eine Antwort auf diese Frage könnte lauten: Solange es uns mit G_{n+1} nicht gelingt, etwas sowohl als das Subjekt von G_n als auch als das Subjekt von G_{n+1} zu thematisieren, handelt es sich bei G_{n+1} gar nicht um einen Fall dessen, was wir im eigentlichen Sinne als Selbstbewusstsein bezeichnen.[4] Dass diese Antwort überzeugend ist, zeigt sich daran, was passiert, wenn man die Zuschreibung des Gedankens G_1 mit Hilfe desjenigen begrifflichen Mittels vornimmt, das die Standardform zum Ausdruck von Selbstbewusstsein darstellt, d. h. mit Hilfe des Ich-Begriffs:

G_{2+}: ›Ich denke, dass dort eine Wand ist.‹

In G_{2+} wird ein Subjekt nämlich sowohl als Subjekt des Gedankens, dass dort eine Wand ist, repräsentiert (d. h. als Subjekt von G_1) als auch als Subjekt des Gedankens, dass dieses Subjekt denkt, dass dort

---

4 Vgl. zu diesem Punkt Klotz (2002), 89.

eine Wand ist (d. h. als Subjekt von G_{2+} selbst). Das liegt daran, dass durch den Begriff ›ich‹ in einem Gedanken qua dessen Gehalt dasjenige Subjekt repräsentiert wird, das diesen Gedanken denkt. Man kann deswegen mit Fug und Recht behaupten, dass jemand, dem die Identität zwischen dem Subjekt, dem er einen bestimmten Gedanken (wie G_1) zuschreibt, und dem Subjekt des Gedankens, in dem er diese Zuschreibung unternimmt, entgeht, sich den ersten Gedanken gar nicht im eigentlichen Sinne selbst zugeschrieben hat – jedenfalls nicht sich selbst als sich selbst. Ich denke, dass es dieser Punkt ist, auf den Fichte hinweisen will, wenn er sagt, dass wir uns im Selbstbewusstsein »als Subjekt und Objekt desselben« verstehen, dass »das Ich [...] gar nicht Subject, sondern Subject=Object« ist (FGA IV, 3: 346) und dass es dabei nicht nur darum geht, sich selbst zu setzen (d. h. sich auf ein Subjekt zu beziehen, mit dem man selbst *de facto* identisch ist), sondern Selbstbewusstsein ein »*sich Setzen als setzend*« ist (FGA I,4: 276).

Gemäß der zweiten Interpretation kann das Zwischenergebnis von Fichtes Argumentation also folgendermaßen zusammengefasst werden: Selbstbewusstsein im eigentlichen Sinne ist nur dann möglich, wenn wir außer Gehalten, durch die wir uns auf von uns unterschiedene Objekte beziehen, einen Gehalt erfassen können, durch den wir uns auf uns selbst als uns selbst beziehen, und dies wiederum beinhaltet, dass wir uns als Subjekt eben jenes Gedankens oder Bewusstseinsakts repräsentieren, durch den wir uns als Subjekt thematisieren. Was in dieser Rekonstruktion allerdings bislang noch unklar bleibt, ist wie diese Einsicht zu Fichtes These passt, dass wir einer intellektuellen Anschauung bedürfen, um uns unserer selbst bewusst zu sein. Ich denke, dass man auch dieser These einen guten Sinn abgewinnen kann, der es zudem ermöglicht, einen überzeugenden Zusammenhang zwischen der zweiten und der ersten Rekonstruktion von Fichtes Überlegungen herzustellen.

Wir hatten festgestellt: Im Gedanken G_{2+} repräsentiert sich jemand nicht nur als Subjekt, das den Gedanken G_1 hat, sondern zugleich als Subjekt, das den Gedanken G_{2+} selbst hat. Man könnte daraus die Folgerung ziehen, dass jemand nur dann den Gedanken G_{2+} erfassen kann, wenn er auch den folgenden Gedanken G_{2++} erfasst:

G_{2+}: ›Ich denke, dass dort eine Wand ist.‹

G_{2++}: ›Das Subjekt, das eben diesen ↻ Gedanken denkt, denkt, dass dort eine Wand ist.‹[5]

Hierbei soll sich der Ausdruck »eben dieser ↻ Gedanke« auf G_{2++} selbst beziehen, d. h. auf denjenigen Gedanken, den jemand erfasst, wenn er den Satz, deren Teil dieser Ausdruck ist, liest und versteht.[6] Wenn man annimmt, dass die Verstehensbedingungen von G_{2+} diejenigen von G_{2++} implizieren, ergibt sich eine naheliegende Erklärung dafür, dass Fichte der Meinung war, dass wir intellektuelle Anschauung brauchen, um einen Gedanken wie G_{2+} erfassen zu können. Der Gedanke G_{2++} hat nämlich die Besonderheit, dass er einen Gedankenteil enthält, der sich demonstrativ auf diesen Gedanken selbst bezieht, nämlich denjenigen, der durch die Wörter »eben dieser ↻ Gedanke« ausgedrückt wird. Demonstrative Bezugnahmen lassen sich allerdings nur dann verstehen, wenn das Objekt, auf das gezeigt wird, demjenigen, der darauf zeigt, in irgendeiner Weise anschaulich gegeben ist. Man kann nun überzeugend dafür argumentieren, dass die Anschauung des Gedankens G_{2++}, die dessen Verständnis ermöglicht, nicht als zusätzlicher, späterer Bewusstseinsakt verstanden werden darf, durch den man sich anschauend auf den Gedanken G_{2++} bezieht. Solange die Anschauung nämlich nicht vorliegt, gibt es gar keinen Gedanken, der in einem zweiten Bewusstseinsakt angeschaut werden könnte, schließlich kann man den betreffenden Gedanken ja nur dann fassen, wenn der Gedanke bereits anschaulich gegeben ist. Das scheint aber dafür zu sprechen, dass G_{2++} als Gedanke verstanden werden muss, dessen Fassen sein anschauliches Gegebensein impliziert, d. h. als Bewusstseinsakt, der zugleich seine eigene Anschauung ist. Wie wir im Rahmen der ersten Rekonstruktion von Fichtes Überlegungen gesehen haben, war genau dies aber die Struktur dessen, was Fichte »intellektuelle Anschauung« nennt.

[5] Zum Verhältnis von G_{2+} und G_{2++} vgl. Nozick (1981), 74 ff. Mit der Behauptung, dass man G_{2+} nur fassen kann, wenn man G_{2++} fasst, ist nicht gesagt, dass dies auch andersherum gilt und dass man Ich-Gedanken auf Gedanken wie G_{2++} reduzieren kann. Wie der weitere Verlauf der Wissenschaftslehre nova methodo zeigt, war Fichte selbst der Meinung, dass es weitere Bedingungen dafür gibt, seiner selbst bewusst zu sein, die nicht in Gedanken wie G_{2++} vollständig ausgedrückt sind.

[6] Ich leihe mir den Pfeil ›↻‹ aus von Andreas Kemmerling, »Eine reflexive Deutung des Cogito«; in: Konrad Cramer u. a. (Hg.), Theorie der Subjektivität, Frankfurt a. M. 1990, 141–166.

Auch im Rahmen der zweiten Rekonstruktion von Fichtes Überlegungen spielt also die These eine zentrale Rolle, dass es Bewusstseinsakte geben muss, die sich selbst zum Gegenstand haben und zwar im Modus der Anschauung. Diese These ist nun allerdings, anders als in der ersten Rekonstruktion, keine Implikation des Begriffes des Bewusstseins, sondern ergibt sich aus einer Analyse der Bedingungen der Möglichkeit expliziter Selbstbezugnahme, d. h. der Bezugnahme auf sich selbst als sich selbst. Das hat die Folge, dass man Fichtes Argumentation nicht länger durch ein Ersetzen des Bewusstseinsbegriffs durch ein reicheres und teilweise dispositionales mentales Vokabular begegnen kann. Zudem scheint die zweite Rekonstruktion besser geeignet zu sein, Fichte gegen das oben skizzierte kantische Manöver zu verteidigen, das darin bestand, den postulierten aktualen anschaulichen Selbstbezug durch die bloße Möglichkeit eines solchen Selbstbezugs zu ersetzen. Denn es ist fraglich, ob die bloße Möglichkeit eines auf G_{2++} gerichteten Bewusstseinsakts ausreicht, um das Erfassen des durch die Formulierung »eben dieser ↺ Gedanke« ausgedrückten Gehalts zu ermöglichen. Dagegen spricht, dass man analoge demonstrative Gedanken wie zum Beispiel den, der durch den Satz »Diese Wand ist weiß« ausgedrückt wird, ebenfalls erst in dem Moment vollständig erfasst, in dem einem die betreffende Wand tatsächlich anschaulich gegeben ist, und nicht schon dadurch, dass man in der Lage ist, anschaulich auf sie Bezug zu nehmen.

Es ist allerdings fraglich, ob Fichte mit seinem Argument deswegen tatsächlich eine Lücke in Kants Theorie offengelegt hat und ob Kant nicht auch ohne die Annahme intellektueller Anschauung theoretische Mittel hätte, auf Fichte zu antworten. Was Fichte gezeigt *hat*, ist dass der Gedanke G_{2++} in dem Moment, in dem er gefasst wird, anschaulich gegeben sein muss. Nun spricht exegetisch einiges dafür, dass Kant der Meinung war, dass uns alle bewussten mentalen Zustände – also auch der Gedanke G_{2++} – in dem Moment, in dem wir uns in ihnen befinden, anschaulich gegeben sind, allerdings nicht in Form einer intellektuellen Anschauung, sondern durch den inneren Sinn.[7] Es ist nun nicht zu sehen, weshalb diese

---

[7] Vgl. dazu Tobias Rosefeldt, Das logische Ich. Kant über den Gehalt des Begriffes von sich selbst. Berlin 2000, 217 ff. Dieses anschauliche Gegebensein

empirische Anschauung von G_{2++} nicht ausreichen sollte, um ein Verständnis des durch die Wörter »eben dieser ↷ Gedanke« ausgedrückten Gehalts zu ermöglichen. Absurd wäre diese Annahme nur dann, wenn sie mit der weiteren Behauptung verbunden wäre, Selbstanschauung im inneren Sinn sei *alles*, was jemand brauche, um einen Gedanken über das Subjekt eben dieses Gedankens selbst zu haben, d. h. wenn man über den inneren Sinn wie Fichte über die intellektuelle Anschauung sagen würde, dass durch die »in sich zurückgehende Thätigkeit [...] das Ich [entsteht]«. Dass kann die Anschauung eines Gedankens im inneren Sinn sicher nicht leisten und zwar unter anderem deswegen nicht, weil man dem angeschauten Gedanken natürlich nicht ansieht, dass es ein eigener Gedanke ist. Kants Modell des Selbstbewusstseins muss neben dem Gegebensein gegenwärtiger Gedanken im inneren Sinn noch eine begriffliche Kompetenz annehmen, für deren Ausübung empirische Selbstanschauung zwar notwendig, die aber nicht auf diese zu reduzieren ist. Diese Kompetenz zur Verwendung des Begriffes ›ich‹ in Urteilen müsste unter anderem eine Kenntnis der Legitimität des inferentiellen Übergangs von einem Gedanken wie G_{2+} ›Ich denke, dass dort eine Wand ist‹ zu dem Gedanken, in dem man sich G_{2++} selbst zuschreibt (der Gedanke ›Ich denke, dass ich denke, dass dort eine Wand ist‹) implizieren. Ob sich im Rahmen der kantischen Philosophie eine plausible Theorie des Ich-Bewusstseins rekonstruieren lässt, die dieser Grundidee folgt,[8] kann hier allerdings nicht weiter diskutiert werden.[9]

ist für ihn kein zusätzlicher bewusster Zustand, für den wir nun wiederum ein weiteres Gegebensein im inneren Sinn annehmen und damit einen neuen Regress beginnen müssten. Bewusst wird der höherstufige Zustand erst dann, wenn die Selbstanschauung mit einem Begriff begleitet und in ein tatsächliches »Ich denke«-Urteil gefasst wird.

[8] Mehr zu dieser Frage in Rosefeldt (Anm. 7), Kap. 8.

[9] Der hier vorliegende Text erschien in leicht modifizierter Form erstmals anlässlich des 65. Geburtstags von Andreas Arndt in: D. Karydas, S. Schmidt, J. Zovko (Hg.), Begriff und Interpretation im Zeichen der Moderne, Berlin 2015, S. 63–76.

Klaus Viertbauer

Bewusstseinsanalyse und Existenzphilosophie
Kierkegaard als Drehscheibe ins nachidealistische Denken

Mit der Selbsttranszendenz des Seins versucht der folgende Beitrag in einem ersten Schritt die These der Existenzphilosophie zu identifizieren und in ihrer genealogischen Entwicklung auf Kierkegaard zurückzuführen. Diese These wird in einem zweiten Schritt im Rahmen einer Interpretation von Kierkegaards Selbst entfaltet, sodass der gemeinsame Kern von Bewusstseinsphilosophie und Existenzphilosophie herausgestellt wird.

1. Das Grundmotiv: Der Mensch als Existierender

Das die verschiedenen Vertreter der Existenzphilosophie verbindende Grundmotiv geht von einem Bewusstsein aus, gemäß dem ein Subjekt sich als ins Sein geworfen erfährt. Dabei entzündet sich das Bewusstsein von der Abhängigkeit der eigenen Existenz an Grenzerfahrungen, die einem Menschen vor Augen führen, was Menschsein im ursprünglichen Sinn bedeutet. Der Mensch als Gattungswesen ist, wie auch alle nicht-menschlichen Lebewesen, an seine biologische Struktur, d.h. seinen Körper gebunden. Als Mensch ist er zum Menschsein verurteilt, sodass mit seinen Gattungsgrenzen zugleich die eigenen Grenzen gesetzt sind. Trotzdem vermag der Mensch – und darin besteht seine Vorrangstellung, die nicht unbedingt ein Vorteil ist – diese Grenzen zu thematisieren. Dies geschieht nicht in Form eines Handelns, sondern durch die imaginierende Tätigkeit des menschlichen Geistes. Der Mensch als Geistwesen ist in der Lage, seine physischen Grenzen auf diesem Weg ein Stück weit zu transzendieren. Der Mensch versucht sich als Existierender seine Existenz zu repräsentieren, d.h. als Reflexionsgegenstand auszuwählen. Diese Repräsentation bleibt allerdings defizitär, da sich der Reflexionsgegenstand nicht vollständig vom

Betrachter ablösen lässt. Sobald der Mensch seine Existenz zum Reflexionsgegenstand erhebt, tritt er zu sich in ein Selbstverhältnis, das sich innerweltlich nicht mehr auflösen lässt. Denn innerhalb der Versuchsanordnung nimmt er sowohl die Subjekt-Stelle des Beobachters als auch die Objekt-Stelle des Beobachteten ein. Der auf Kierkegaard (und über die Vermittlung Schleiermachers bis auf die Jenaer Frühromantiker) zurückreichende Lösungsansatz mündet in die These einer Selbsttranszendenz, gemäß der das Sein dem Sosein, die Existenz der Essenz notwendig vorausgeht.

Folglich bildet die Differenz von Sein und Sosein den Rahmen der Existenzphilosophie. Was ist damit ausgesagt? Das Selbst findet sich im Verlauf der Zeit unter verschiedenen Formen des Soseins vor: Der grübelnde alte Mann (t_5) erfährt sich als ein und derselbe mit dem kleinen, spielenden Jungen (t_2). Beide sind dem Lauf der Zeit unterworfen und fühlen sich als ein und dieselbe Person. Was den kleinen Jungen mit dem alten Mann verbindet, ihre Identität zu einer Person verfugt, kann daher unmöglich innerhalb der Zeit liegen. Das identitätsstiftende Moment ist, so die Schlussfolgerung, der Zeit und somit den innerhalb der Zeit liegenden Reflexionsakten enthoben.

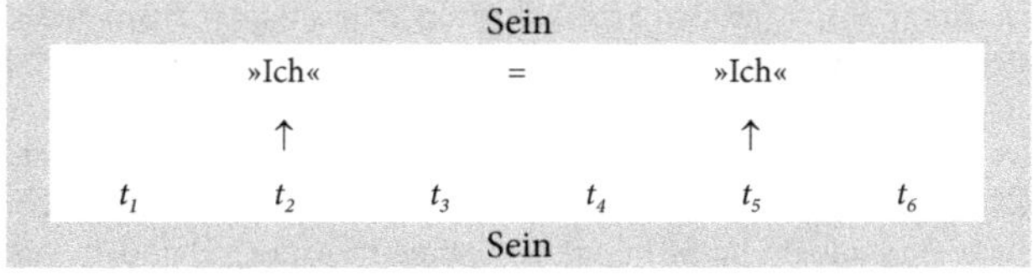

Vor diesem Hintergrund postuliert die Existenzphilosophie einen Vorrang des Seins vor dem Seienden, der Existenz vor der Essenz. Diese Unterscheidung erhebt die Frage nach dem Sein bzw. der Existenz zum eigentlichen Problemgegenstand der Philosophie, während die in der Zeit liegenden Fragen des Soseins vernachlässigt werden können. In diesem Sinn lässt sich der sperrige Satz von Albert Camus, gemäß dem der Selbstmord das einzige philosophische Problem sei, einordnen. Denn »die Entscheidung, ob das Leben sich lohne oder nicht, beantwortet die Grundfrage der Philosophie [... und] alles andere – ob die Welt drei Dimensionen und der Geist neun oder zwölf Kategorien habe – kommt erst später.«[1] In dieselbe Kerbe schlägt Jean-Paul Sartre – der als erster den Begriff des präreflexiven Cogitos prägt – mit seiner Äußerung, dass die Existenz der Essenz vorausgeht, d. h. »daß der Mensch erst existiert, auf sich trifft, in die Welt eintritt, und sich erst dann definiert.«[2] Erst im Gewahrwerden der Grenzen von Sein und Sosein, von Existenz und Essenz, entsteht ein aufgeklärtes Verständnis von Subjektivität, das die vorreflexiven Bedingungen des Daseins in die Reflexion miteinfließen lässt.

Die Erhebung des Seins bzw. der Existenz zum Reflexionsgegenstand, wie sie in der Betrachtung der Selbsttötung konkret fassbar wird, ist von anderer Qualität, als wenn man über die Modellierung einer Person von t_2 zu t_5 sinniert. Während Ersteres auf die ontische Differenz von Sein und Sosein abhebt, verharrt Zweiteres im Binnenraum des Soseins.

2. Die Schaltstelle: Kierkegaards Mensch und Selbst

Das im ersten Abschnitt freigelegte existenzielle Grundmotiv möchte ich in einem zweiten Schritt mit der Bewusstseinsanalyse von Søren Kierkegaard (1813–1855) verknüpfen. Kierkegaard fasst seine These über das Selbst des Menschen, die er in seinem umfangreichen schriftstellerischen Wirken spätestens seit 1843 – dem Erscheinungsjahr seiner populärsten Schrift *Entweder/Oder* – entwickelt, auf knapp zwei Seiten zusammen und stellt sie seiner Abhandlung *Die Krankheit zum Tode* (1849) als Einleitung voran. Mittels einer Auslegung dieses neuralgischen Textabschnittes lässt sich, so meine These, der Bezug von Existenzphilosophie und (nach)idealistischer Bewusstseinsanalyse verdeutlichen. Hier wie dort geht es um die Grundlosigkeit des menschlichen Selbst, der dieser im äußersten Akt der Selbstreflexion, nämlich in existenziellen Grenzsituationen, gewahr wird.

[1] A. Camus, Der Mythos des Sisyphos: Ein Versuch über das Absurde, übersetzt von L. Richter, Hamburg 1959, 9.

[2] J.-P. Sartre, Der Existentialismus ist ein Humanismus, in: ders., Der Existentialismus ist ein Humanismus und andere philosophische Essays 1943–1948. Gesammelte Werke in Einzelausgaben. Deutsch von Vincent von Wroblewsky, Hamburg 2005, 145–176, 149.

Der besagte Abschnitt weist in seinem Aufbau einige Eigentümlichkeiten auf. So wird eine Selbstdefinition, die Kierkegaard in Form einer komplexen Verhältnisbestimmung entwickelt, in zwei unterschiedliche Selbstmodelle eingebettet. Der Unterschied zwischen diesen Selbstmodellen, die dieselbe Selbstdefinition als Grundlage haben, besteht in der Bestimmung der Provenienz des Selbst. Während das erste Selbstmodell für eine Selbstsetzung optiert, spricht sich das zweite für eine Fremdsetzung aus. Zunächst soll die Selbstdefinition geklärt werden, ehe die Frage der Selbstmodelle bzw. der Provenienz des Selbst in den Fokus rückt.

Die Selbstdefinition wird zu Beginn des Abschnittes entwickelt.[3] Dazu liefert Kierkegaard einen zweifachen Definitionsversuch, der die Form eines Frage-Antwort-Schemas aufweist:

a Der Mensch ist Geist.
b Was aber ist Geist?
c Geist ist das Selbst.
d Was aber ist das Selbst?

Der erste Blick ist irreführend. Kierkegaard kokettiert offen mit einem logischen Syllogismus, der den Menschen als Geistwesen bestimmt und mit dem er sich in die Tradition der klassischen Philosophie von Platon bis Hegel einreihen würde. Dazu präsentiert er in a und c je eine Implikation, die dann zu einem Syllogismus verbunden werden könnten. So formuliert Kierkegaard in a: Wenn ›Mensch‹ (A) dann ›Geist‹ (B) und in b: Wenn ›Geist‹ (B) dann ›Selbst‹ (C). Diese beiden Implikationen legen den Schluss nahe, dass gilt: wenn ›Mensch‹ (A), dann auch ›Selbst‹ (C). Genau diesen Schluss weigert sich Kierkegaard allerdings in d beharrlich zu ziehen. Anstelle des logischen Schlusses wirft er vielmehr erneut die Frage nach dem Selbst auf und verweist seine Leserschaft zurück an

---

[3] Die Zitation Kierkegaards wird zweisprachig angegeben: Zunächst wird die Stelle gemäß den von Bent Rohde, Niels Jørgen Cappelørn, Joakim Garff, Johnny Kondrup, Tonny Aagaard Olesen und Steen Tullberg im Gads Forlag besorgten 28 Bände umfassenden Søren Kierkegaards Skrifter (1997 ff.) im dänischen Original zitiert. Sodann wird die deutsche Übersetzung gemäß der bei Eugen Diederichs in 36 Abteilungen erschienenen und von Emanuel Hirsch, Hans Martin Junghans und Hayo Gerdes (1950 ff.) verantworteten Gesamtausgabe angeführt. Bei der deutschen Übersetzung wird ein Sigel mit der jeweiligen Seitenzahl angegeben. – SKS, 11,129 KT, 8.

den Anfang der Überlegung. Was bezweckt Kierkegaard mit dieser Irritation? Warum weigert er sich, das Selbst als Geistwesen zu bestimmen? Worin liegt Kierkegaards Problem mit diesem Selbstkonzept?

An dieser Stelle lässt sich der Gesprächsfaden mit Kierkegaards fragmentarisch gebliebener Schrift *De omnibus dubitandum est* (1843) aufnehmen. Es geht in dieser Schrift darum, die impliziten Voraussetzungen des Zweifelns aufzuzeigen: »Jeder Beginn einer Philosophie setzt immer schon das Denken des Philosophierenden voraus, aber dieses Denken wird sich wiederum erst in seiner Philosophie thematisch.«[4] Damit ist auf eine grundsätzliche Zirkularität von Begründungsverfahren hingewiesen. Kierkegaard unterscheidet eingangs eine empirische Antwort von einer ideellen. Erstere erweist sich als nicht durchführbar, denn sie verortet den Zweifel als eine Form propositionalen Wissens. Mit dem Versuch einer ideellen Antwort ist eine Elementarstruktur des Bewusstseins in den Blick genommen. Diese ist unabhängig von Erfahrung konstituiert. Kierkegaard analysiert, d. h. zerlegt, den Zweifel in seine Elemente und arbeitet dadurch seine impliziten Voraussetzungen heraus. Dazu grenzt er ein kindliches von einem erwachsenen Bewusstsein ab, um dadurch die Unterscheidung von Unmittelbarkeit und Mittelbarkeit bzw. Realität und Idealität zu konturieren: »Im Kind ist das Bewußtsein«, so beginnt Kierkegaards Vergleich, »aber dies Bewußtsein hat den Zweifel außerhalb seiner.«[5] Das kindliche Bewusstsein zeichnet sich folglich dadurch aus, dass es im Unterschied zum erwachsenen Bewusstsein noch nicht über den Zweifel verfügt. Da der Zweifel die Fähigkeit zur Diskriminierung voraussetzt, d. h. die Fähigkeit zur epistemologischen Unterscheidung, bleibt er dem kindlichen Bewusstsein äußerlich. Vor diesem Hintergrund beschreibt Kierkegaard das kindliche Bewusstsein als unmittelbar, wobei sich diese epistemologische Unmittelbarkeit als Unbestimmtheit identifizieren lässt: »In der Unmittelbarkeit ist keine Beziehung«, konstatiert Kierkegaard, »denn sobald die Beziehung vorhanden ist, ist die Unmittelbarkeit aufgehoben.«[6] Dies

---

[4] J. Holl, Kierkegaards Konzeption des Selbst: Eine Untersuchung über die Voraussetzung und Formen seines Denkens, Meisenheim/G. 1972, 13.
[5] SKS, 15,54 DO, 154.
[6] Ebd.

bleibt nicht ohne Folgen. So lässt sich selbst ein universales Gesetz der Logik, wie es der Satz vom Widerspruch verkörpert, nicht mehr für den Bereich des unmittelbaren Bewusstseins aussagen. Mit den Worten Kierkegaards: »Unmittelbar ist daher alles wahr, aber diese Wahrheit ist im nächsten Augenblick Unwahrheit; denn unmittelbar ist alles unwahr.«[7] Diesen Begriff der Unmittelbarkeit identifiziert Kierkegaard sodann mit dem Begriff der Realität. Es handelt sich um das, was an sich in der Welt ist und nicht für sich ins Bewusstsein tritt. Als Komplementärbegriff zur Realität führt Kierkegaard die Idealität an, die er mit der Sprache identifiziert: »Die Unmittelbarkeit ist die Realität, die Sprache ist die Idealität [… und] das Bewußtsein ist der Widerspruch.«[8] Folglich lassen sich die referierten Begriffe in folgendes Verhältnis bringen:

Kindliches Bewusstsein : Erwachsenes Bewusstsein
Unmittelbarkeit : Mittelbarkeit
Realität : Begriff

Wie lässt sich der Übergang vom kindlichen zum erwachsenen Bewusstsein, von der Unmittelbarkeit zur Mittelbarkeit bzw. von der Realität zur Idealität argumentativ verbürgen? Die Antwort auf die Frage, »wie [...] die Unmittelbarkeit aufgehoben« wird, ist laut Kierkegaard einfach, nämlich »durch die Mittelbarkeit, welche die Unmittelbarkeit aufhebt.«[9] Indem man, so das dritte Begriffspaar, die Realität ausspricht und sprachlich formuliert, hebt man die Realität an sich in die begriffliche Idealität auf. »Das Axiom der Reflexion ist der Satz vom Widerspruch, weil das erste Urteil die erste Ur-Teilung ist. Ohne den Widerspruch verschwindet auch das Bewußtsein als Verhältnis zu den Momenten der Ur-Teilung, Realität und Idealität, aber damit sind Realität und Idealität keine Widersprüche, sondern nur als widersprüchlich gesetzt.«[10] Offenkundig orientiert Kierkegaard den herausgestellten Transformationsprozess an einer dialektischen Aufhebung, die im Anschluss an Hegel mit den Parametern von conservare, elevare und tollere verfährt. Umgelegt auf unser Beispiel: Die Realität als Unmittelbarkeit

---

7 SKS, 15,55 DO, 154.
8 SKS, 15,55 DO, 155.
9 SKS, 15,55 DO, 154.
10 Holl (1972) 27.

wird in der Idealität als Mittelbarkeit negiert (tollere), gleichzeitig in eine allgemeinere, d. h. sprachliche Form gebracht (elevare), und dadurch wird ihre Intention bewahrt (conservare). Kierkegaard spricht in diesem Zusammenhang von Reflexion: »Die Reflexion ist die Möglichkeit des Verhältnisses [... und] das Bewußtsein ist das Verhältnis.«[11] Dabei unterscheidet er weiter in zwei unterschiedliche Formen von Verhältnis: Das dichotomische Verhältnis und das trichotomische. Bei ersterem handelt es sich um ein Verhältnis, das von den Polen aus konstruiert ist. Kennt man einen Pol, so kann man durch dessen Negation auf den zweiten schließen. In diesem Sinn, so Kierkegaard, sind die Pole von »Idealität und Realität« oder von »Seele und Leib« konstruiert. Anders verhält es sich beim trichotomischen Verhältnis. Dieses wird nicht ausgehend von den Polen, sondern von deren Verhältnisbestimmung her gedacht. Das, so die Unterscheidung, was zwischen den Polen steht und diese erst zu einem Verhältnis aufspannt, deren, um das lateinische Substantiv zu verwenden, Interesse, bringt die subjektive Neigung eines Selbst zu den Polen zum Ausdruck.[12] So, wie das dichotomische Verhältnis durch die Reflexion, von einem Pol auf den anderen schließend, konstituiert wird, steht der Geist hinter dem trichotomischen Verhältnis, da – so Kierkegaard weiter – »wenn in der Welt des Geistes eines geteilt wird, es zu drei, niemals zu zwei«[13] wird. Folglich ist das dichotomische Verhältnis, das von den Polen her gedacht wird, uninteressiert und das trichotomische, das vom Interesse her aufgezogen wird, interessiert. Der Geist, der das trichotomische, d. h. an sich selbst interessierte Verhältnis konstituiert, ist, so die Schlussfolgerung, mit dem Bewusstsein selbst zu identifizieren. Damit wäre auch der Zusammenhang mit der Bestimmung des Menschen als Geistwesen wieder hergestellt: Der Mensch als Geist ist das Wesen, das als Geistwesen über Bewusstsein verfügt und seine Interessen und sich selbst zum Reflexionsgegenstand erhebt. Doch damit ist das Selbst noch nicht erreicht.

An dieser Stelle kehre ich zur Anfangspassage aus Kierkegaards *Die Krankheit zum Tode* (1849) zurück und beziehe mich nach dem

[11] SKS, 15,56 DO, 156.
[12] H. Schmidinger, Das Problem des Interesses und die Philosophie Sören Kierkegaards, Freiburg/Br. 1983, Kapitel VIII.
[13] SKS, 15,56 DO, 156.

obigen Frage-Antwort-Schema auf die Selbstdefinition. Diese entfaltet Kierkegaard in Form einer Verhältnisstruktur:[14]

e Das Selbst ist ein Verhältnis, das sich zu sich selbst verhält
f oder ist das im Verhältnis, dass das Verhältnis sich zu sich selbst verhält

Diese Aussagen lassen sich mit der Skepsis-Analyse aus *De omnibus dubitandum est* (1843) in Übereinstimmung bringen. Ein Verhältnis setzt sich in der Regel aus drei Elementen zusammen: Den Polen, die zueinander in eine Beziehung gebracht werden und die diese Beziehung festschreibende Bindung. Dichotomisch ist ein Verhältnis dann, wenn es von den Polen her konstruiert wird. Kierkegaard spricht von Synthesis-Bestimmungen und führt als Beispiel »Unendlichkeit-Endlichkeit«, »Zeitlichkeit-Ewigkeit« oder »Freiheit-Notwendigkeit« an. Dabei handelt es sich um anthropologische Bestimmungen dessen, was das menschliche Selbstverständnis ausmacht. Trichotomisch ist ein Verhältnis hingegen dann, wenn es von der Beziehung her konstruiert wird. Während diese im dichotomischen Verhältnis unbewusst ist, erlangt sie im trichotomischen Verhältnis erstmals Bewusstsein. Ein Selbstverhältnis, wie es in e und f geschildert wird, ist trichotomisch verfasst. Die Form des Bewusstseins lässt sich dabei als Interesse beschreiben. Damit ist der Cartesianische Ausgangspunkt der Subjekt-Objekt-Dichotomie erreicht: Ein an sich selbst interessierter Mensch kompensiert dieses Bedürfnis, indem er sich zum Reflexionsgegenstand erhebt. Damit spaltet er sich aber, wie oben gesehen, selbst in einen Subjekt-Pol und einen Objekt-Pol auf. Der Übergang von e zu f veranschaulicht die Aporetik dieses Verfahrens: Während in e die Subjekt-Objekt-Dichotomie als Verhältnisstruktur beschrieben wird, zeigt f die Ausweglosigkeit des eingeschlagenen Lösungsansatzes an. Er basiert, so der Kritikpunkt, auf einem infiniten Regress: Dabei wird das Selbst in e mit ›dem Verhältnis, das sich zu sich selbst verhält‹ (V1) identifiziert. Da dies eine Spaltung in einen Subjekt-Pol und einen Objekt-Pol bedingt, konkretisiert Kierkegaard V1 mit f in Form einer erneuten Reflexion, also das an V1 »dass das Verhältnis sich zu sich selbst verhält« (V2). Es ist aber nicht einzusehen, dass

14 SKS, 11,129 KT, 8.

mit der Konkretisierung aus V2 die eingeleitete Subjekt-Objekt-Dichotomie hinreichend überwunden ist. Vielmehr kann man sich auch zu V2 mit V3 und zu V3 mit V4 und so ad infinitum in ein Verhältnis setzten. Das Pronomen ›sich‹ markiert dabei den im Hintergrund stets aufrecht bleibenden Subjekt-Pol. Vor diesem Hintergrund lässt sich mit Kierkegaard konstatieren, dass »auf die Art betrachtet [...] der Mensch noch kein Selbst«[15] ist.

Bis zu diesem Punkt entfaltete Kierkegaard lediglich die Subjekt-Objekt-Dichotomie, wie sie seit Descartes für die neuzeitliche Philosophiegeschichte prägend ist. Eine eigenständige Akzentuierung – von der Form der Darstellung und der hier nicht eigens thematisierten Verzweiflungsanalyse abgesehen – lässt sich bislang noch nicht ausmachen. Dies ändert sich unmittelbar, wenn Kierkegaard den Selbstbegriff in den Kontext der beiden Selbstmodelle stellt. Die entscheidende Passage lautet:[16]

g Ein Selbst muß entweder sich selbst gesetzt haben
h oder durch ein Andres gesetzt sein.

Ich wende mich zunächst der in g formulierten These zu. Diese möchte ich als Selbstmodell 1 kennzeichnen und mit Fichtes Tathandlung identifizieren. Worin besteht die Aussage? Ich fasse zunächst mit Kierkegaard zusammen, ehe ich mich unmittelbar Fichte zuwende: Das Selbst konstituiert sich in einem Akt der Selbstsetzung. Dieser Akt besteht in Form einer Selbstrepräsentation und beschreibt die Genese des Selbst als »ein Verhältnis, das sich zu sich selbst verhält«[17]. Dabei konstituiert sich das Selbst, so die Pointe, im Akt der Reflexion. Folglich präzisiert Kierkegaard die These in V2, dass er nicht am Verhältnis an sich interessiert sei, sondern auf das, »daß das Verhältnis sich zu sich selbst verhält«[18] abzielt und somit den Reflexionsakt alleine im Blick hat. Dass sich der Reflexionsakt auf diese Weise nicht vom Reflexionsgegenstand trennen lässt, wird aus Kierkegaards Ablehnung von g deutlich. Zuvor gilt es aber die im Hintergrund stehende These Fichtes näher in den Blick zu nehmen.

15 SKS, 11,129 KT, 8.
16 SKS, 11,129 KT, 9.
17 SKS, 11,129 KT, 8.
18 Ebd.

Fichte legt als erster in der ideengeschichtlichen Konstellation der Neuzeit die Subjekt-Objekt-Dichotomie als eine solche frei.[19] Er erkennt die oben herausgestellte Aporetik der Selbstrepräsentation und versucht sie einer performativen Lösung zuzuführen. Vor diesem Hintergrund spricht sich Fichte gegen eine weitere Reflexion aus. Mit V2, so lässt sich mit Blick auf Kierkegaards Versuchsanordnung konstatieren, ist »der Philosoph, der *analytisch* verfährt [...] am Ende.«[20] Von diesem Punkt an muss er »sein Ich *synthetisch* fortschreiten« und »es unter seinen Augen handeln lassen.«[21] Dies ist es, was Fichte als »Tathandlung« bezeichnet. Es handelt sich um einen performativen Akt, in dem ein Ich sich selbst ins Sein bringt. Damit bezieht er sich augenscheinlich auf Kants transzendentale Apperzeption. Fichte rechtfertig diese mit V2 einsetzende Dezision in Form eines methodischen Umschwungs von der Analysis zur Synthesis: »Zuerst sein Ich setzen, und es in seinem Handeln nach gewissen Gesetzen beobachten, und dadurch sich eine Welt konstruieren.«[22] Damit bewegt sich seine Argumentation im Anschluss an Descartes und Kant im Rahmen eines Repräsentationsparadigmas. Dieses vermag er erst an dem Punkt zu durchbrechen, wo er auf die Selbstbestimmung des Ich zu sprechen kommt: »Es denke nur jeder sein Ich, und gebe dabei Achtung wie er es mache. Er denke sich hingegen einen äußeren Gegenstand. Er wird sich dabei nicht als das Denkende des Objekts bemerken, daß er das Denkende des Objekts sei, sondern gleichsam im Objekt verschwinden. Es findet sich aber leicht und offenbar, daß das Denkende und Gedachte einander verschieden sei. Hieraus folgt nun, daß wir bei beiden Arten von Vorstellungen, also bei allen tätig sind; kein Gedanke kann in uns sein, außer der Tätigkeit unseres Denkens. Dies haben sie gemein. Verschieden sind sie dadurch: bei der Vorstellung meines Ichs ist das Denkende und das Gedachte ebendasselbe – im Begriff des Ichs.«[23]

<hr>

19 D. Henrich, »Fichtes ursprüngliche Einsicht«, in: D. Henrich/H. Wagner (Hg.) Subjektivität und Metaphysik, Frankfurt/M. 1967, 188–232.

20 J. G. Fichte, »Wissenschaftslehre nova methodo«, in: Gesamtausgabe der Bayrischen Akademie der Wissenschaft, hg. von R. Lauth und H. Gliwitzky, Reihe IV, Bd. 2, 28–32 – künftig zitiert mit GA IV/2, 28–32.

21 GA IV/2, 28.

22 Ebd.

23 GA IV/2, 29.

Was ist damit ausgesagt? Offenkundig geht es Fichte darum herauszustellen, dass sich die Reflexion ab einem gewissen Punkt – mit Blick auf Kierkegaards Versuchsanordnung ist dieser mit V2 erreicht – verselbständigt und ins Leere zielt. Theoretisch lässt sich die Reflexion über V2 vorantreiben, doch verfährt sie dabei destruktiv und vernichtet sich selbst. Da das Ziel der Selbstbestimmung nun aber nicht in einer Selbstvernichtung liegen kann, gilt es, so Fichtes ursprüngliche Einsicht, das Verfahren zu wechseln. Mit der von Kierkegaard in V2 aufgegriffenen Formel »Ich = Ich« ist der »absolut erste, schlechthin unbedingte Grundsatz alle[n] menschlichen Wissens«[24] erreicht. Bisher konnte gezeigt werden, was es bedeutet, dass der Mensch ein Geistwesen ist. Damit, so hat Kierkegaard oben konstatiert, ist der Mensch noch kein Selbst. Damit der Mensch ein Selbst wird, bedarf es folglich mehr, nämlich, so werde ich abschließend zeigen, eines angemessenen Verhältnisses zum Anderen. Dies wird deutlich, sobald man sich Kierkegaards Alternative aus h zuwendet. Darin spricht sich Kierkegaard für eine Fortsetzung der Reflexion über V2 aus, ohne die Konsequenzen zu scheuen. Das Selbst, so Kierkegaards These, erfasst sich erst im Moment der Selbstverleugnung, nämlich dann, wenn es sich durchsichtig im Andren als der es setzenden Macht gründet. Diese These soll über den Weg einer Verhältnisanalyse begründet werden.

Innerhalb der Anfangspassage gebraucht Kierkegaard den Begriff des Verhältnisses für drei voneinander abweichende Konstellationen.[25] Eine Unterscheidung dieser Verhältnistypen soll bei der Begründung von Kierkegaards These helfen. Wie sehen diese drei Verhältnisse aus? Ich stelle die drei Typen kurz vor und versuche sie dabei zu systematisieren: Der erste Typ beschreibt ein Verhältnis in Form einer Relation zwischen zwei Polen. Augenscheinlich hat Kierkegaard dabei das dichotomische, d. h. unbewusste Verhältnis vor Augen. Es handelt sich um ein negatives Verhältnis, das die Pole in Form einer Antinomie zueinander ins Verhältnis setzt, ohne dabei eine bewusste Bezugnahme auf das Verbindende zu leisten. Umgelegt auf den Menschen, entspricht es dessen anthro-

---

[24] GA I/2, 255.

[25] M. Frank, Selbstbewusstseinstheorien von Fichte bis Sartre, Frankfurt/M. 1991, 501 ff.

pologischer Bestimmung: Es geht um eine Relationierung eines Seienden »zwischen Unendlichkeit und Endlichkeit, Zeitlichem und Ewigem, Freiheit und Notwendigkeit.«[26] Dabei wird der Mensch als das Seiende definiert, dessen Parameter einer bestimmten Konfiguration entsprechen. Der zweite Typ bezieht sich auf ein Verhältnis im Sinn eines Zwischenseins, also als Ambiguität zwischen diesen beiden Polen. Bei diesem zweiten Verhältnistyp handelt es sich offenkundig um ein trichotomisches, d. h. bewusstes Verhältnis. Es geht um ein positives Verhältnis, das sich zwischen den Polen als Interesse positioniert und sich auf diese Weise seiner selbst bewusst ist. Beide Typen bleiben innerhalb der Reflexionsstufe von V1 und V2. Gemeinsam mit Fichte beschreiben sie ein Verhältnis im Sinn eines Repräsentationsmodelles. Mit diesen Methoden, so Kierkegaards Einwand, lässt sich aber nicht der eigene Grund einholen. Vor diesem Hintergrund spricht sich Kierkegaard für einen dritten Typen aus, nämlich ein Verhältnis im Sinn eines Verhaltens zu seinem eigenen Grund. Damit ist Kierkegaards Kritik an Fichtes Tathandlung hinreichend umrissen: Zwar vermag Fichte mit seiner Tathandlung das handelnde Selbst eines Menschen zu beschreiben, nicht allerdings kann er begründen, wie dieses sich zu seinem Grund verhält, der es ins Sein setzt. Mit der Bestimmung des dritten Verhältnistypen schließt sich der Kreis zur Existenzphilosophie des 20. Jahrhunderts: Während die beiden ersten Verhältnistypen von V1 und V2, respektive Fichtes Tathandlung, in der Zeit stehen und auf das Sosein gerichtet sind, thematisiert der dritte Verhältnistypus das Sein. Gesagtes lässt sich mit Manfred Franks Unterscheidung eines *egologischen* und eines *nicht-egologischen Selbst* in Übereinstimmung bringen.[27]

1) Verhältnis im Sinn einer Relation zwischen zwei Polen	
2) Verhältnis im Sinn eines Zwischenseins, also als Ambiguität zwischen diesen beiden Polen	*egologisches Selbst*
3) Verhältnis im Sinn eines Verhaltens zu seinem eigenen Grund	*nicht-egologisches Selbst*

[26] SKS, 11,129 KT, 8.
[27] M. Frank, Präreflexive Subjektivität: Vier Vorlesungen, Stuttgart 2015, 5 ff.

Während ein egologisches Selbst unmittelbar beim Selbstbegriff ansetzt, bezieht sich ein nicht-egologisches Selbst auf das dem Indexikalbegriff zugrundeliegende Bewusstsein. Mit anderen Worten: Das Selbstmodell 1 respektive Verhältnistyp 1 und 2 basieren auf dem egologischen Modell. Der Ansatz erfolgt unmittelbar beim Selbstbegriff, der sich zu sich selbst ins Verhältnis zu setzen versucht und dadurch stets in die oben herausgestellte Subjekt-Objekt-Dichotomie abgleitet. Das Selbstmodell 2 rekurriert auf das im Hintergrund stehende Bewusstsein, das dieser Subjekt-Objekt-Dichotomie vorausliegt und sie in Form eines gleichsam irreflexiven wie unthematischen Mit-Sich-Vertrautseins überhaupt erst ermöglicht.

Wie aber stellt sich dieses nicht-egologische Selbst bei Kierkegaard dar? An dieser Stelle lässt sich erneut der Bogen zur Existenzphilosophie des 20. Jahrhunderts schlagen. Das nicht-egologische Selbstmodell thematisiert Kierkegaard als Begegnung des Selbst mit seinem Grund. Nicht das durch Reflexionsakte modellierbare Sosein, sondern das Sein rückt dabei in den Fokus. Die Thematisierung des Seins erfolgt unter zweierlei Gesichtspunkten: Ontologisch gesehen ist das Sein notwendig. Es markiert die Bedingung der Möglichkeit, transzendiert somit jegliche konkrete Bestimmung und trifft auf alles zu, was existiert. Epistemologisch gesehen ist das Sein nicht bzw. nur indirekt (etwa in Grenzerfahrungen, die einem über retorsiv strukturiert Freiheitserfahrungen präsent werden) thematisierbar. So legt die ontologische Notwendigkeit einerseits und die epistemologische Undurchsichtigkeit andererseits die Bestimmung des Seins über den Weg eines Postulates nahe. Die herausgestellte Unterscheidung von Sosein und Sein ist, so meine These, mit Kierkegaards Unterscheidung von Selbst und Anderem identisch. Der Mensch wird erst dann ein Selbst – so Kierkegaards Korrektur an der neuzeitlichen Subjekt-Objekt-Dichotomie –, wenn er nicht nur sein Sosein betrachtet, sondern sich auch zu seinem Sein ins Verhältnis zu setzen vermag. Dies ist allerdings erst in dem Moment der Fall, wenn das Selbst gewahr wird, dass es sich unmöglich selbst ins Sein setzen konnte. In Form der Verhältnisbestimmung von Selbst und Anderem erhebt Kierkegaard somit nicht das Sein an sich, sondern die Abhängigkeit des Selbst vom Sein zum Reflexionsgegenstand. Das mittels Reflexionsprozesse erhobene Bewusstsein der Abhängigkeit des eigenen Selbst markiert die bewusstseinsphilosophische Grundlage, die im 20. Jahrhundert existenzphilosophisch ausbuchstabiert wurde.

Autorenverzeichnis

Thomas Hanke; geb. 1978 in Hannover; Studium der Philosophie und Theologie in Frankfurt a. M., Münster und Rom; 2011 Promotion in Münster; seit 2011 Dozent für Philosophie an der Hochschule Sankt Georgen in Frankfurt am Main.

Axel Honneth; geb. 1949 Essen; Studium der Germanistik, Philosophie und Soziologie in Berlin, Bochum und Bonn; 1983 Promotion in Berlin; 1990 Habilitation in Frankfurt; von 1991 bis 1992 Professor für Philosophie in Konstanz; von 1992 bis 1995 in Berlin und von 1996 bis zur Emeritierung 2014 in Frankfurt; zudem seit 2001 Direktor des Instituts für Sozialforschung in Frankfurt und seit 2011 Jack C. Weinstein Professor an der Columbia University, New York.

Manfred Frank; geb. 1945 in Wuppertal; Studium der Anglistik, Germanistik und Philosophie in Heidelberg und Berlin; 1971 Promotion in Heidelberg; 1977 Habilitation in Düsseldorf; von 1982 bis 1987 Professor für Philosophie in Genf; von 1987 bis zur Emeritierung 2010 Professor in Tübingen; Ehrendoktorate: 2004 Universität Cluj, Rumänien; 2005 Pécs, Ungarn und 2015 Turku, Finnland.

Angelica Nuzzo; geb. 1964 in Florenz; Studium der Philosophie in Pisa und Heidelberg; 1991 Promotion in Heidelberg und Pisa; Tätigkeiten u. a. als Assistant Professor in Heidelberg, L'Aquila und an der De Paul University in Chicago; seit 2002 Professorin am Brooklyn College, New York.

Tobias Rosefeldt; geb. 1970 in München; Studium der Philosophie, Klassischen Philologie und Germanistik in München, Oxford und Berlin; 1999 Promotion in München; 2006 Habilitation in Heidelberg; zwischen 2007 und 2010 Professor für Philosophie in Konstanz; seit 2010 in Berlin.

Klaus Viertbauer; geb. 1985 in Salzburg; Studium der Philosophie, Theologie und Religionspädagogik in Salzburg; ebendort 2015 Promotion in Philosophie; seit 2016 wissenschaftliche Mitarbeiter am Institut für Christliche Philosophie der Universität Innsbruck.